Chinese Keukengeheimen
Ontdek de Culinaire Schatten van China

Mei Li

Inhoudsopgave

invoering

Iedereen die van koken houdt, experimenteert graag met nieuwe gerechten en nieuwe smaaksensaties. De Aziatische keuken is de afgelopen jaren enorm populair geworden omdat het een breed scala aan smaken biedt om van te genieten. De meeste gerechten worden op de kookplaat bereid en veel gerechten worden snel bereid en gekookt, waardoor ze ideaal zijn voor drukke koks die een aantrekkelijk en heerlijk gerecht willen creëren als ze weinig vrije tijd hebben. Als je echt van de keuken uit het Verre Oosten houdt, heb je waarschijnlijk al een wok en dit is het perfecte keukengerei voor het bereiden van de meeste gerechten die in het boek worden beschreven. Als je er nog steeds niet van overtuigd bent dat deze kookstijl bij je past, gebruik dan een goede koekenpan of steelpan om recepten te testen.

Kip met bamboescheuten

Voor 4 personen

45 ml/3 eetlepels arachideolie

1 teentje knoflook, geperst

1 sjalot (groene ui), gehakt

1 schijfje gemberwortel, gehakt

225 g kipfilet, in reepjes gesneden

225 g bamboescheuten, in reepjes gesneden

45 ml/3 eetlepels sojasaus

15 ml/1 eetlepel rijstwijn of droge sherry

5 ml/1 theelepel maïszetmeel (maïszetmeel)

Verhit de olie en bak de knoflook, sjalotten en gember tot ze lichtbruin zijn. Voeg de kip toe en bak 5 minuten bruin. Voeg de bamboescheuten toe en bak 2 minuten. Voeg de sojasaus, wijn of sherry en maïzena toe en bak ongeveer 3 minuten tot de kip gaar is.

Gebakken ham

Voor 6 tot 8 personen

900 g verse ham

30 ml/2 eetlepels bruine suiker

60 ml/4 eetlepels rijstwijn of droge sherry

Leg de ham in een hittebestendige schaal op een rooster, dek af en stoom ongeveer 1 uur in kokend water. Voeg de suiker en de wijn of sherry toe aan de schaal, dek af en stoom nog een uur of tot de ham gaar is. Laat afkoelen in de kom voordat u gaat snijden.

Spek met kool

Voor 4 personen

4 plakjes spek, in dunne plakjes gesneden, geschild en in

stukjes gesneden

2,5 ml/½ theelepel zout

1 schijfje gemberwortel, gehakt

½ gesneden kool

75 ml/5 eetlepels kippenbouillon

15 ml/1 eetlepel oestersaus

Bak het spek knapperig en haal het vervolgens uit de pan.
Voeg zout en gember toe en bak 2 minuten. Voeg de kool toe
en meng goed, voeg dan het spek toe en voeg de bouillon toe,
dek af en kook ongeveer 5 minuten tot de kool zacht maar nog
steeds licht knapperig is. Voeg de oestersaus toe, dek af en laat
1 minuut sudderen alvorens te serveren.

Voor 4 tot 6 personen

375 ml kippenbouillon

60 ml/4 eetlepels rijstwijn of droge sherry

45 ml/3 eetlepels maïszetmeel (maïszetmeel)

15 ml/1 eetlepel sojasaus

4 kipfilets

1 eiwit

2,5 ml/½ theelepel zout

Frituur olie

75 g/3 ounces/½ kopje geblancheerde amandelen

1 grote wortel, in blokjes gesneden

5 ml/1 theelepel geraspte gemberwortel

6 sjalotjes (groene lente-uitjes), in plakjes gesneden

3 stengels bleekselderij, in plakjes gesneden

100 g champignons, in plakjes gesneden

100 g bamboescheuten, in plakjes gesneden

Meng de bouillon, de helft van de wijn of sherry, 30 ml/2 eetlepels maïzena en sojasaus in een pan. Breng al roerend aan de kook en laat 5 minuten koken tot het mengsel dikker wordt. Haal van het vuur en houd warm.

Verwijder het vel en de botten van de kip en snijd hem in stukjes van 1 inch. Meng de rest van de wijn of sherry met het maizena, het eiwit en het zout, voeg de stukjes kip toe en meng goed. Verhit de olie en bak de stukken kip met een paar tegelijk in ongeveer 5 minuten goudbruin. Goed laten uitlekken. Verwijder alle olie, op 30 ml/2 eetlepels na, uit de pan en bak de amandelen gedurende 2 minuten tot ze goudbruin zijn. Goed laten uitlekken. Voeg de wortel en gember toe aan de pan en bak 1 minuut. Voeg de overige groenten toe en bak ze ongeveer 3 minuten tot ze knapperig worden.

Voor 4 personen

6 gedroogde Chinese paddenstoelen

4 stuks kip zonder bot

100 g gehakte amandelen

zout en versgemalen peper

60 ml/4 eetlepels arachideolie

100 g waterkastanjes, in plakjes gesneden

75 ml/5 eetlepels kippenbouillon

30 ml/2 eetlepels sojasaus

Week de champignons 30 minuten in warm water en laat ze vervolgens uitlekken. Verwijder de stelen en snijd de toppen. Snij de kip in dunne plakjes. Kruid de amandelen royaal met peper en zout en bestrijk de plakjes kip met de amandelen. Verhit de olie en bak de kip lichtbruin. Voeg de champignons, waterkastanjes, bouillon en sojasaus toe, breng aan de kook, dek af en kook een paar minuten tot de kip gaar is.

Kip Met Amandelen En Groenten

Voor 4 personen

75 ml/5 eetlepels arachideolie

4 plakjes gemberwortel, gehakt

5 ml/1 theelepel zout

100 g gehakte Chinese kool

50 g bamboescheuten, in blokjes gesneden

50 g champignons, in blokjes gesneden

2 stengels bleekselderij, in blokjes gesneden

3 waterkastanjes, in blokjes gesneden

120 ml kippenbouillon

225 g in blokjes gesneden kipfilet

15 ml/1 eetlepel rijstwijn of droge sherry

50 g peultjes

100 g amandelschaafsel, geroosterd

10 ml/2 theelepels maïszetmeel (maïszetmeel)

15 ml/1 eetlepel water

Verhit de helft van de olie en bak de gember en het zout gedurende 30 seconden. Voeg de kool, bamboescheuten, champignons, selderij en waterkastanjes toe en bak 2 minuten. Voeg de bouillon toe, breng aan de kook, dek af en laat 2 minuten koken. Haal de groenten en de saus uit de pan. Verhit de resterende olie en bak de kip gedurende 1 minuut. Voeg de wijn of sherry toe en bak 1 minuut. Doe de groenten samen met de peultjes en amandelen in de pan en laat 30 seconden sudderen. Meng de maïzena en het water tot een pasta, voeg de saus toe en kook op laag vuur, al roerend, tot de saus dikker wordt.

Kip met anijs

Voor 4 personen

75 ml/5 eetlepels arachideolie

2 gehakte uien

1 teentje knoflook, fijngehakt

2 plakjes gemberwortel, gehakt

15 ml/1 eetlepel gewone bloem (universeel)

30 ml/2 eetlepels kerriepoeder

450 g kip, in blokjes gesneden

15 ml/1 eetlepel suiker

Verhit de helft van de olie en bak de uien lichtbruin en haal ze uit de pan. Verhit de rest van de olie en fruit de knoflook en gember gedurende 30 seconden. Voeg de bloem en het kerriepoeder toe en kook 2 minuten. Doe de uien terug in de pan, voeg de kip toe en bak 3 minuten. Voeg de suiker, sojasaus, bouillon en anijs toe, breng aan de kook, dek af en laat 15 minuten koken. Voeg de aardappelen toe, breng opnieuw aan de kook, dek af en laat nog eens 20 minuten koken tot ze gaar zijn.

Kip met abrikozen

Voor 4 personen

4 stuks kip

zout en versgemalen peper

snufje gemalen gember

60 ml/4 eetlepels arachideolie

225 g abrikozen uit blik, gehalveerd

300 ml/½ pt/1 ¼ kopje zoetzure saus

30 ml/2 eetlepels amandelschaafsel, geroosterd

Kruid de kip met zout, peper en gember. Verhit de olie en bak de kip lichtbruin. Dek af en kook ongeveer 20 minuten tot ze gaar zijn, af en toe roeren. Giet de olie af. Voeg de abrikozen en de saus toe aan de pan, breng aan de kook, dek af en laat ongeveer 5 minuten sudderen, of tot ze gaar zijn. Versier met geschaafde amandelen.

Kip met asperges

Voor 4 personen

45 ml/3 eetlepels arachideolie

5 ml/1 theelepel zout

1 teentje knoflook, geperst

1 sjalot (groene ui), gehakt

1 kipfilet, in plakjes gesneden

30 ml/2 eetlepels zwarte bonensaus

350 g asperges, in stukken van 2,5 cm gesneden

120 ml kippenbouillon

5 ml/1 theelepel suiker

15 ml/1 eetlepel maïszetmeel (maïszetmeel)

45 ml/3 eetlepels water

Verhit de helft van de olie en bak het zout, de knoflook en de bieslook goudbruin. Voeg de kip toe en bak tot deze lichtbruin is. Voeg de zwarte bonensaus toe en roer om de kip te bedekken. Voeg de asperges, de bouillon en de suiker toe, breng aan de kook, dek af en laat 5 minuten koken tot de kip gaar is. Meng de maïzena en het water tot een pasta, voeg deze toe aan de pan en kook op laag vuur, al roerend, tot de saus helder wordt en dikker wordt.

Kip met aubergines

Voor 4 personen

225 g kip, in plakjes gesneden

15 ml/1 eetlepel sojasaus

15 ml/1 eetlepel rijstwijn of droge sherry

15 ml/1 eetlepel maïszetmeel (maïszetmeel)

1 aubergine (aubergine), geschild en in reepjes gesneden

30 ml/2 eetlepels arachideolie

2 gedroogde rode paprika's

2 teentjes knoflook, geperst

75 ml/5 eetlepels kippenbouillon

Doe de kip in een kom. Meng de sojasaus, wijn of sherry en maizena, voeg toe aan de kip en laat 30 minuten staan.

Blancheer de aubergines 3 minuten in kokend water en laat ze goed uitlekken. Verhit de olie en bak de paprika's tot ze zwart zijn, verwijder ze en gooi ze weg. Voeg de knoflook en de kip toe en bak tot ze lichtbruin zijn. Voeg de bouillon en de aubergines toe, breng aan de kook, dek af en laat 3 minuten koken, af en toe roeren.

Gerolde Kip Met Spek

Voor 4 tot 6 personen

225 g kip, in blokjes gesneden

30 ml/2 eetlepels sojasaus

15 ml/1 eetlepel rijstwijn of droge sherry

5 ml/1 theelepel suiker

5 ml/1 theelepel sesamolie

zout en versgemalen peper

225 g spekplakjes

1 ei, lichtgeklopt

100 g gewone bloem (alle doeleinden)

Frituur olie

4 tomaten, in plakjes gesneden

Meng de kip met sojasaus, wijn of sherry, suiker, sesamolie, zout en peper. Dek af en marineer gedurende 1 uur, af en toe roerend, verwijder dan de kip en gooi de marinade weg. Snij het spek in kleine stukjes en wikkel het om de kipblokjes. Klop de eieren met de bloem tot een dik mengsel, voeg eventueel een beetje melk toe. Doop de blokjes in het beslag. Verhit de olie en bak de blokjes tot ze goudbruin en goed gaar zijn. Serveer gegarneerd met kerstomaatjes.

Kip met taugé

Voor 4 personen

45 ml/3 eetlepels arachideolie

1 teentje knoflook, geperst

1 sjalot (groene ui), gehakt

1 schijfje gemberwortel, gehakt

225 g kipfilet, in reepjes gesneden

225 g sojabonen

45 ml/3 eetlepels sojasaus

15 ml/1 eetlepel rijstwijn of droge sherry

5 ml/1 theelepel maïszetmeel (maïszetmeel)

Verhit de olie en bak de knoflook, sjalotten en gember tot ze lichtbruin zijn. Voeg de kip toe en bak 5 minuten bruin. Voeg de taugé toe en bak deze 2 minuten bruin. Voeg de sojasaus, wijn of sherry en maïzena toe en bak ongeveer 3 minuten tot de kip gaar is.

Kip met zwarte bonensaus

Voor 4 personen

30 ml/2 eetlepels arachideolie

5 ml/1 theelepel zout

30 ml/2 eetlepels zwarte bonensaus

2 teentjes knoflook, geperst

450 g in blokjes gesneden kip

250 ml/8 ounces/1 kopje bouillon

1 groene paprika, in blokjes gesneden

1 ui gehakt

15 ml/1 eetlepel sojasaus

versgemalen peper

15 ml/1 eetlepel maïszetmeel (maïszetmeel)

45 ml/3 eetlepels water

Verhit de olie en bak het zout, de zwarte bonen en de knoflook gedurende 30 seconden. Voeg de kip toe en bak tot deze lichtbruin is. Voeg de bouillon toe, breng aan de kook, dek af en laat 10 minuten koken. Voeg de paprika, ui, sojasaus en paprika toe, dek af en laat nog 10 minuten sudderen. Meng de maïzena en het water tot een pasta, voeg de saus toe en kook op laag vuur, al roerend, tot de saus dikker wordt en de kip gaar is.

Kip met broccoli

Voor 4 personen

450 g kippenvlees, in blokjes

225 g kippenlevertjes

45 ml/3 eetlepels gewone bloem (universeel)

45 ml/3 eetlepels arachideolie

1 ui gehakt

1 rode paprika, in blokjes gesneden

1 groene paprika, in blokjes gesneden

225 g broccoliroosjes

4 plakjes ananas, in blokjes gesneden

30 ml/2 eetlepels tomatenpuree (pasta)

30 ml/2 eetlepels hoisinsaus

30 ml/2 eetlepels honing

30 ml/2 eetlepels sojasaus

300 ml kippenbouillon

10 ml/2 theelepels sesamolie

Meng de kip en levers met de bloem. Verhit de olie, bak de lever gedurende 5 minuten en haal hem dan uit de pan. Voeg de kip toe, dek af en bak op middelhoog vuur gedurende 15 minuten, af en toe roerend. Voeg de groenten en ananas toe en bak 8 minuten. Doe de levers terug in de wok, voeg de rest van de ingrediënten toe en breng aan de kook. Kook op laag vuur, al roerend, tot de saus is ingedikt.

Kip met kool en pinda's

Voor 4 personen

45 ml/3 eetlepels arachideolie

30 ml/2 eetlepels pinda's

450 g in blokjes gesneden kip

½ kool, in blokjes gesneden

15 ml/1 eetlepel zwarte bonensaus

2 rode paprika's, in plakjes gesneden

5 ml/1 theelepel zout

Verhit een scheutje olie en bak de pinda's een paar minuten, onder voortdurend roeren. Verwijderen, laten uitlekken en pureren. Verhit de resterende olie en bak de kip en de kool lichtbruin. Haal uit de pan. Voeg de zwarte bonensaus en de chilipepers toe en bak 2 minuten. Doe de kip en de kool terug in de pan met de gehakte pinda's en breng op smaak met zout. Bak tot het gaar is en serveer onmiddellijk.

Kip met walnoten

Voor 4 personen

30 ml/2 eetlepels sojasaus

30 ml/2 eetlepels maïszetmeel (maïszetmeel)

15 ml/1 eetlepel rijstwijn of droge sherry

350 g kip, in blokjes gesneden

45 ml/3 eetlepels arachideolie

2,5 ml/½ theelepel zout

2 teentjes knoflook, geperst

225 g champignons, in plakjes gesneden

100 g waterkastanjes, in plakjes gesneden

100 g bamboescheuten

50 g peultjes

225 g/8 ounces/2 kopjes cashewnoten

300 ml kippenbouillon

Meng de sojasaus, maïzena en wijn of sherry, giet over de kip, dek af en laat minimaal 1 uur marineren. Verhit 30 ml/2 eetlepels olie met zout en knoflook en bak tot de knoflook lichtbruin is. Voeg de kip toe met de marinade en bak 2 minuten tot de kip lichtbruin is. Voeg de champignons, waterkastanjes, bamboescheuten en korst toe en bak 2 minuten. Verhit ondertussen de resterende olie in een aparte pan en bak de cashewnoten op laag vuur in enkele minuten goudbruin. Voeg ze toe aan de pan met de bouillon, breng aan de kook, dek af en kook gedurende 5 minuten.

Kip met kastanjes

Voor 4 personen

225 g kip, in plakjes gesneden
5 ml/1 theelepel zout
15 ml/1 eetlepel sojasaus
Frituur olie
250 ml kippenbouillon
200 g gehakte waterkastanjes
225 g gehakte kastanjes
225 g champignons, in vieren gesneden
15 ml/1 eetlepel gehakte verse peterselie

Bestrooi de kip met zout en sojasaus en wrijf goed in. Verhit
de olie en bak de kip goudbruin, verwijder hem en laat
uitlekken. Doe de kip in een pan met de bouillon, breng aan de

kook en kook gedurende 5 minuten. Voeg de waterkastanjes, kastanjes en champignons toe, dek af en kook ongeveer 20 minuten tot alles gaar is. Serveer gegarneerd met peterselie.

Chili kip

Voor 4 personen

350 g kippenvlees, in blokjes gesneden

1 ei, lichtgeklopt

10 ml/2 theelepels sojasaus

2,5 ml/½ theelepel maïszetmeel (maïszetmeel)

Frituur olie

1 groene paprika, in blokjes gesneden

4 teentjes knoflook, geperst

2 rode paprika's, geraspt

5 ml/1 theelepel versgemalen peper

5 ml/1 theelepel wijnazijn

5 ml/1 theelepel water

2,5 ml/½ theelepel suiker

2,5 ml/½ theelepel chili-olie

2,5 ml/½ theelepel sesamolie

Meng de kip met het ei, de helft van de sojasaus en de maïzena en laat 30 minuten rusten. Verhit de olie en bak de kip goudbruin en laat goed uitlekken. Giet alles behalve 15 ml/1 eetlepel olie uit de pan, voeg de peper, knoflook en pepers toe en bak gedurende 30 seconden. Voeg de peper, wijnazijn, water en suiker toe en bak gedurende 30 seconden. Doe de kip terug in de pan en bak een paar minuten tot hij gaar is. Serveer bestrooid met chili en sesamolie.

Gewokte kip met chili

Voor 4 personen

225 g kip, in plakjes gesneden

2,5 ml/½ theelepel sojasaus

2,5 ml/½ theelepel sesamolie

2,5 ml/½ theelepel rijstwijn of droge sherry

5 ml/1 theelepel maïszetmeel (maïszetmeel)

zout

45 ml/3 eetlepels arachideolie

100 g spinazie

4 sjalotten (groene lente-uitjes), gehakt

2,5 ml/½ theelepel chilipoeder

15 ml/1 eetlepel water

1 tomaat, in plakjes gesneden

Meng de kip met de sojasaus, sesamolie, wijn of sherry, de helft van het maizena en een snufje zout. Laat 30 minuten rusten. Verhit 15 ml/1 eetlepel olie en bak de kip tot hij lichtbruin is. Haal uit de wok. Verhit 15 ml/1 eetlepel olie en bak de spinazie tot deze geslonken is, en haal hem dan uit de wok. Verhit de rest van de olie en fruit de sjalotten, chilipoeder, water en de rest van het maïzena gedurende 2 minuten. Voeg de kip toe en bak snel bruin. Schik de spinazie op een warme schaal, leg de kip erop en serveer gegarneerd met de tomaten.

Kip op Chinese wijze

Voor 4 personen

100 g Chinese bladeren, geraspt

100 g bamboescheuten, in reepjes gesneden

60 ml/4 eetlepels arachideolie

3 sjalotten (groene lente-uitjes), in plakjes gesneden

2 teentjes knoflook, geperst

1 schijfje gemberwortel, gehakt

225 g kipfilet, in reepjes gesneden

45 ml/3 eetlepels sojasaus

15 ml/1 eetlepel rijstwijn of droge sherry

5 ml/1 theelepel zout

2,5 ml/½ theelepel suiker

versgemalen peper

15 ml/1 eetlepel maïszetmeel (maïszetmeel)

Blancheer de Chinese bladeren en bamboescheuten 2 minuten in kokend water. Giet af en droog. Verhit 45 ml/3 eetlepels

olie en fruit de ui, knoflook en gember tot ze lichtbruin zijn.
Voeg de kip toe en bak 4 minuten bruin. Haal uit de pan.
Verhit de resterende olie en bak de groenten gedurende 3
minuten. Voeg de kip, sojasaus, wijn of sherry, zout, suiker en
een snufje peper toe en bak 1 minuut. Los het maïzena op in
een beetje water, voeg het toe aan de saus en kook op laag
vuur, al roerend, tot de saus lichter en dikker wordt.

kip, chow mein

Voor 4 personen

30 ml/2 eetlepels arachideolie

2 teentjes knoflook, geperst

450 g kip, in plakjes gesneden

225 g bamboescheuten, in plakjes gesneden

100 g bleekselderij, in plakjes gesneden

225 g champignons, in plakjes gesneden

450 ml kippenbouillon

225 g sojabonen

Verhit de olie met de knoflook tot ze goudbruin zijn, voeg dan de kip toe en bak 2 minuten tot ze goudbruin zijn. Voeg de bamboescheuten, selderij en champignons toe en bak 3 minuten. Voeg het grootste deel van de bouillon toe, breng aan de kook, dek af en laat 8 minuten koken. Voeg de taugé en de ui toe en laat al roerend 2 minuten koken tot er nog maar een beetje bouillon overblijft. Meng de resterende bouillon met de sojasaus en maizena. Doe terug in de pan en laat al roerend sudderen tot de saus helder en dikker wordt.

Kook ondertussen de tagliatelle een paar minuten in kokend gezouten water volgens de instructies op de verpakking. Laat goed uitlekken, meng met het kippenmengsel en serveer onmiddellijk.

Krokant gebakken pikante kip

Voor 4 personen

450 g kippenvlees, in stukjes gesneden

30 ml/2 eetlepels sojasaus

30 ml/2 eetlepels pruimensaus

45 ml/3 eetlepels mangochutney

1 teentje knoflook, geperst

2,5 ml/½ theelepel gemalen gember

een paar druppels cognac

30 ml/2 eetlepels maïszetmeel (maïszetmeel)

2 losgeklopte eieren

100 g/4 oz/1 kop droog broodkruim

30 ml/2 eetlepels arachideolie

6 sjalotten (groene lente-uitjes), gehakt

1 rode paprika, in blokjes gesneden

1 groene paprika, in blokjes gesneden

30 ml/2 eetlepels sojasaus

30 ml/2 eetlepels honing

30 ml/2 eetlepels wijnazijn

Doe de kip in een kom. Meng de sauzen, chutney, knoflook, gember en cognac, giet over de kip, dek af en laat 2 uur marineren. Giet de kip af en bestrooi hem met maizena. Bestrijk met de eieren en vervolgens met het paneermeel. Verhit de olie en bak de kip goudbruin. Haal uit de pan. Voeg de groenten toe, bak ze 4 minuten bruin en verwijder ze vervolgens. Giet de olie uit de pan en doe de kip en groenten terug in de pan met de rest van de ingrediënten. Breng aan de kook en verwarm opnieuw voordat je het serveert.

Gebakken kip met komkommers

Voor 4 personen

225 g kippenvlees

1 eiwit

2,5 ml/½ theelepel maïszetmeel (maïszetmeel)

zout

½ komkommer

30 ml/2 eetlepels arachideolie

100 g champignons

50 g bamboescheuten, in reepjes gesneden

50 g hamblokjes

15 ml/1 eetlepel water

2,5 ml/½ theelepel zout

2,5 ml/½ theelepel rijstwijn of droge sherry

2,5 ml/½ theelepel sesamolie

Snijd de kip in stukken en snijd deze in stukjes. Meng met het eiwit, maïzena en zout en laat rusten. Snijd de komkommer in de lengte doormidden en snij diagonaal in dikke plakken. Verhit de olie en bak de kip lichtbruin en haal hem dan uit de pan. Voeg de komkommer en bamboescheuten toe en bak 1 minuut. Doe de kip terug in de pan met de ham, water, zout en wijn of sherry. Breng aan de kook en laat sudderen tot de kip gaar is. Serveer besprenkeld met sesamolie.

Voor 4 personen

120 ml / 4 fl oz / ½ kopje pindaolie (pindaolie).

4 stuks kip

1 ui gehakt

5 ml/1 theelepel kerriepoeder

5 ml/1 theelepel hete saus

15 ml/1 eetlepel rijstwijn of droge sherry

2,5 ml/½ theelepel zout

600 ml kippenbouillon

15 ml/1 eetlepel maïszetmeel (maïszetmeel)

45 ml/3 eetlepels water

5 ml/1 theelepel sesamolie

Verhit de olie en bak de stukken kip aan beide kanten goudbruin en haal ze vervolgens uit de pan. Voeg de ui, het kerriepoeder en de hete saus toe en bak 1 minuut. Voeg de wijn of sherry en het zout toe, meng goed, doe de kip terug in de pan en meng opnieuw. Voeg de bouillon toe, breng aan de kook en laat ongeveer 30 minuten koken tot de kip gaar is. Als de saus niet voldoende is ingekookt, meng dan de maïzena en het water tot een pasta, voeg wat toe aan de saus en laat al roerend sudderen tot de saus dikker wordt. Serveer besprenkeld met sesamolie.

Chinese kipcurry

Voor 4 personen

45 ml/3 eetlepels kerriepoeder

1 ui, gesneden

350 gram in blokjes gesneden kip

150 ml/¼ pt/½ volle kop kippenbouillon

5 ml/1 theelepel zout

10 ml/2 theelepels maïszetmeel (maïszetmeel)

15 ml/1 eetlepel water

Verhit het kerriepoeder en de ui 2 minuten in een droge pan en schud de pan zodat de ui bedekt is. Voeg de kip toe en meng tot alles goed bedekt is met het kerriepoeder. Voeg de bouillon en het zout toe, breng aan de kook, dek af en laat ongeveer 5 minuten koken tot de kip gaar is. Meng de maïzena en het water tot een pasta, voeg deze toe aan de pan en kook op laag vuur, al roerend, tot de saus dikker wordt.

Snelle kipcurry

Voor 4 personen

450 g kipfilets, in blokjes gesneden

45 ml/3 eetlepels rijstwijn of droge sherry

50 g maïsmeel (maïszetmeel)

1 eiwit

zout

150 ml / ¼ pt / ½ royale kop pindaolie (pindaolie).

15 ml/1 eetlepel kerriepoeder

10 ml/2 theelepels bruine suiker

150 ml/¼ pt/½ volle kop kippenbouillon

Roer de kipblokjes en sherry erdoor. Bewaar 10 ml/2 theelepels maïszetmeel. Klop het eiwit op met de rest van het maïzena en een snufje zout en voeg het toe aan de kip tot het goed bedekt is. Verhit de olie en bak de kip gaar en goudbruin. Haal uit de pan en laat alle olie uitlekken, behalve 15 ml/1 eetlepel. Voeg het achtergehouden maïzena, kerriepoeder en suiker toe en bak gedurende 1 minuut. Voeg de bouillon toe, breng aan de kook en laat onder voortdurend roeren koken tot de saus dikker wordt. Doe de kip terug in de pan, roer en verwarm opnieuw voordat je hem serveert.

Kipcurry met aardappelen

Voor 4 personen

45 ml/3 eetlepels arachideolie

2,5 ml/½ theelepel zout

1 teentje knoflook, geperst

750 g kip, in blokjes gesneden

225 g aardappelen, in blokjes gesneden

4 uien, in vieren gesneden

15 ml/1 eetlepel kerriepoeder

450 ml kippenbouillon

225 g champignons, in plakjes gesneden

Verhit de olie met het zout en de knoflook, voeg de kip toe en bak deze lichtbruin. Voeg de aardappelen, ui en curry toe en bak 2 minuten. Voeg de bouillon toe, breng aan de kook, dek af en laat ongeveer 20 minuten koken tot de kip gaar is, af en toe roeren. Voeg de champignons toe, verwijder het deksel en kook nog 10 minuten tot de vloeistof is ingekookt.

gebakken kippenpoten

Voor 4 personen

2 grote kippendijen, zonder bot

2 bieslook (groene bieslook)

1 schijfje gember, platgeslagen

120 ml sojasaus

5 ml/1 theelepel rijstwijn of droge sherry

Frituur olie

5 ml/1 theelepel sesamolie

versgemalen peper

Verdeel het kippenvlees en markeer het aan alle kanten. Meng 1 lente-ui en hak de andere fijn. Meng de fijngehakte bieslook met de gember, sojasaus en wijn of sherry. Giet over de kip en

laat 30 minuten marineren. Verwijderen en laten uitlekken.
Leg het op een bord boven een stoomrek en stoom gedurende
20 minuten.

Verhit de olie en bak de kip in ongeveer 5 minuten goudbruin.
Haal ze uit de pan, laat ze goed uitlekken en snij ze in dikke
plakjes. Leg de plakjes vervolgens op een warme
serveerschaal. Verhit de sesamolie, voeg de gehakte sjalotjes
en peper toe, giet over de kip en serveer.

Gebakken kip met currysaus

Voor 4 personen

1 ei, lichtgeklopt

30 ml/2 eetlepels maïszetmeel (maïszetmeel)

25 g/1 ounce/¼ kopje gewone bloem (universeel)

2,5 ml/½ theelepel zout

225 g kip, in blokjes gesneden

Frituur olie

30 ml/2 eetlepels arachideolie

30 ml/2 eetlepels kerriepoeder

60 ml/4 eetlepels rijstwijn of droge sherry

Klop het ei met het maizena, de bloem en het zout tot een
dikke pasta ontstaat. Giet over de kip en meng goed zodat het

bedekt is. Verhit de olie en bak de kip goudbruin en goed gaar. Verhit intussen de olie en bak het kerriepoeder 1 minuut. Voeg de wijn of sherry toe en breng aan de kook. Leg de kip op een warm bord en giet de currysaus erover.

dronken kip

Voor 4 personen

450 g kipfilet, in stukjes gesneden

60 ml/4 eetlepels sojasaus

30 ml/2 eetlepels hoisinsaus

30 ml/2 eetlepels pruimensaus

30 ml/2 eetlepels wijnazijn

2 teentjes knoflook, geperst

snufje zout

een paar druppels chili-olie

2 eiwitten

60 ml/4 eetlepels maïszetmeel (maïszetmeel)

Frituur olie

200 ml/½ pt/1¼ kopje rijstwijn of droge sherry

Doe de kip in een kom. Meng de sauzen en wijnazijn, knoflook, zout en chili-olie, giet over de kip en laat 4 uur in de koelkast marineren. Klop de eiwitten stijf en voeg het maizena toe. Haal de kip uit de marinade en bestrijk hem met het eiwitmengsel. Verhit de olie en bak de kip tot hij goed gaar en goudbruin is. Laat ze goed uitlekken op absorberend papier en doe ze in een kom. Giet er wijn of sherry over, dek af en laat 12 uur in de koelkast marineren. Haal de kip uit de wijn en serveer koud.

Gezouten kip met eieren

Voor 4 personen

30 ml/2 eetlepels arachideolie

4 stuks kip

2 sjalotten (groene lente-uitjes), gehakt

1 teentje knoflook, geperst

1 schijfje gemberwortel, gehakt

Verhit de olie en bak de stukken kip goudbruin. Voeg de sjalotjes, knoflook en gember toe en bak 2 minuten. Voeg de sojasaus, wijn of sherry, suiker en zout toe en meng goed. Voeg water toe, breng aan de kook, dek af en laat 20 minuten koken. Voeg de hardgekookte eieren toe, dek af en kook nog eens 15 minuten. Los het maïzena op in een beetje water, voeg het toe aan de saus en kook op laag vuur, al roerend, tot de saus lichter en dikker wordt.

Kip loempia's

Voor 4 personen

4 gedroogde Chinese champignons

100 g kip, in reepjes gesneden

5 ml/1 theelepel maïszetmeel (maïszetmeel)

15 ml/1 eetlepel sojasaus

2,5 ml/½ theelepel zout

2,5 ml/½ theelepel suiker

60 ml/4 eetlepels arachideolie

225 g sojabonen

3 sjalotten (groene lente-uitjes), gehakt

100 g spinazie

12 loempiavellen

1 losgeklopt ei

Frituur olie

Week de champignons 30 minuten in warm water en laat ze vervolgens uitlekken. Verwijder de stengels en snijd de bovenkanten. Doe de kip in een kom. Meng het maïzena met 5 ml/1 theelepel sojasaus, zout en suiker en voeg toe aan de kip. Laat 15 minuten rusten. Verhit de helft van de olie en bak de kip lichtbruin. Blancheer de taugé 3 minuten in kokend water en laat ze vervolgens uitlekken. Verhit de rest van de olie en bak de lente-uitjes licht goudbruin. Voeg de champignons, taugé, spinazie en de rest van de sojasaus toe. Voeg de kip toe en bak 2 minuten bruin. Laten afkoelen. Plaats een beetje vulling in het midden van elk vel en bestrijk de randen met het losgeklopte ei. Vouw de zijkanten om, rol de loempia's op en sluit de randen af met het ei. Verhit de olie en bak de loempia's knapperig en goudbruin.

Gestoofde kip met eieren

Voor 4 personen

30 ml/2 eetlepels arachideolie

4 kipfiletfilets, in reepjes gesneden

1 rode paprika, in reepjes gesneden

1 groene paprika, in reepjes gesneden

45 ml/3 eetlepels sojasaus

45 ml/3 eetlepels rijstwijn of droge sherry

250 ml kippenbouillon

100 g ijsbergsla, versnipperd

5 ml/1 theelepel bruine suiker

30 ml/2 eetlepels hoisinsaus

zout en peper

15 ml/1 eetlepel maïszetmeel (maïszetmeel)

30 ml/2 eetlepels water

4 eieren

30 ml/2 eetlepels sherry

Verhit de olie en bak de kip en paprika goudbruin. Voeg de sojasaus, wijn of sherry en de bouillon toe, breng aan de kook, dek af en laat 30 minuten sudderen. Voeg de sla, suiker en hoisinsaus toe en breng op smaak met peper en zout. Meng de maïzena en het water, voeg het toe aan de saus en breng onder voortdurend roeren aan de kook. Klop de eieren los met de sherry en bak ze tot dunne omeletten. Breng op smaak met peper en zout en snij in reepjes. Schik het op een warme serveerschaal en giet het over de kip.

Kip uit het Verre Oosten

Voor 4 personen

60 ml/4 eetlepels arachideolie

450 g kippenvlees, in stukjes gesneden

2 teentjes knoflook, geperst

2,5 ml/½ theelepel zout

2 gehakte uien

2 stuks gemberstengel, gehakt

45 ml/3 eetlepels sojasaus

30 ml/2 eetlepels hoisinsaus

45 ml/3 eetlepels rijstwijn of droge sherry

300 ml kippenbouillon

5 ml/1 theelepel versgemalen peper

6 hardgekookte eieren, gehakt

15 ml/1 eetlepel maïszetmeel (maïszetmeel)

15 ml/1 eetlepel water

Verhit de olie en bak de kip goudbruin. Voeg de knoflook, het zout, de ui en de gember toe en bak 2 minuten. Voeg sojasaus, hoisinsaus, wijn of sherry, bouillon en peper toe. Breng aan de kook, dek af en laat 30 minuten koken. Voeg de eieren toe. Meng de maïzena en het water en voeg dit toe aan de saus. Breng aan de kook en kook op laag vuur, al roerend, tot de saus dikker wordt.

Kip Foo Yung

Voor 4 personen

6 losgeklopte eieren

45 ml/3 eetlepels maïszetmeel (maïszetmeel)

100 g champignons, grof gesneden

225 g in blokjes gesneden kipfilet

1 ui, fijngehakt

5 ml/1 theelepel zout

45 ml/3 eetlepels arachideolie

Klop de eieren los en voeg dan de maïzena toe. Voeg alle overige ingrediënten toe, behalve de olie. Verwarm de olie. Giet het mengsel geleidelijk in de vorm totdat je kleine pannenkoekjes verkrijgt met een diameter van ongeveer 7,5 cm. Kook tot de onderkant goudbruin is, draai dan om en bak de andere kant.

Ham en kip Foo Yung

Voor 4 personen

6 losgeklopte eieren

45 ml/3 eetlepels maïszetmeel (maïszetmeel)

100 g in blokjes gesneden ham

225 g in blokjes gesneden kipfilet

3 sjalotten (groene sjalotten), fijngehakt

Klop de eieren los en voeg dan de maïzena toe. Voeg alle overige ingrediënten toe, behalve de olie. Verwarm de olie. Giet het mengsel geleidelijk in de vorm totdat je kleine pannenkoekjes verkrijgt met een diameter van ongeveer 7,5 cm. Kook tot de onderkant goudbruin is, draai dan om en bak de andere kant.

Gember gebakken kip

Voor 4 personen

1 kip, gehalveerd

4 plakjes gemberwortel, geplet

30 ml/2 eetlepels rijstwijn of droge sherry

30 ml/2 eetlepels sojasaus

5 ml/1 theelepel suiker

Frituur olie

Leg de kip in een ondiepe kom. Meng de gember, wijn of sherry, sojasaus en suiker, giet het over de kip en wrijf het in de huid. Laat 1 uur marineren. Verhit de olie en bak de kip, half per keer, tot hij lichtbruin is. Haal uit de olie en laat iets afkoelen terwijl je de olie verwarmt. Doe de kip terug in de pan en bak hem goudbruin en gaar. Laat goed uitlekken voordat je het serveert.

Gember Kip

Voor 4 personen

225 g kip, in dunne plakjes gesneden

1 eiwit

snufje zout

2,5 ml/½ theelepel maïszetmeel (maïszetmeel)

15 ml/1 eetlepel arachideolie

10 plakjes gemberwortel

6 champignons, gehalveerd

1 wortel, in plakjes gesneden

2 sjalotten (groene lente-uitjes), in plakjes gesneden

5 ml/1 theelepel rijstwijn of droge sherry

5 ml/1 theelepel water

2,5 ml/½ theelepel sesamolie

Meng de kip met het eiwit, het zout en de maïzena. Verhit de helft van de olie en bak de kip lichtbruin en haal hem dan uit de pan. Verhit de rest van de olie en bak de gember, champignons, wortel en lente-uitjes gedurende 3 minuten. Doe de kip terug in de pan met de wijn of sherry en het water en laat sudderen tot de kip gaar is. Serveer besprenkeld met sesamolie.

Gemberkip met champignons en kastanjes

Voor 4 personen

60 ml/4 eetlepels arachideolie

225 g uien, in plakjes gesneden

450 g kippenvlees, in blokjes

100 g champignons, in plakjes gesneden

30 ml/2 eetlepels gewone bloem (universeel)

60 ml/4 eetlepels sojasaus

10 ml/2 theelepels suiker

zout en versgemalen peper

900 ml/1½ pt/3¾ kopjes heet water

2 plakjes gemberwortel, gehakt

450 g waterkastanjes

Verhit de helft van de olie en bak de uien 3 minuten en haal ze vervolgens uit de pan. Verhit de resterende olie en bak de kip lichtbruin.

Voeg de champignons toe en bak 2 minuten. Bestrooi het mengsel met bloem en voeg vervolgens de sojasaus, suiker, zout en peper toe. Giet het water en de gember, ui en kastanjes erbij. Breng aan de kook, dek af en laat 20 minuten koken. Verwijder het deksel en laat sudderen tot de saus is ingekookt.

gouden kip

Voor 4 personen

8 kleine stukjes kip

300 ml kippenbouillon

45 ml/3 eetlepels sojasaus

15 ml/1 eetlepel rijstwijn of droge sherry

5 ml/1 theelepel suiker

1 gemberwortel, in plakjes gesneden, gehakt

Doe alle ingrediënten in een grote pan, breng aan de kook, dek af en kook ongeveer 30 minuten tot de kip gaar is. Verwijder het deksel en laat sudderen tot de saus is ingekookt.

Gemarineerde gouden kipstoofpot

Voor 4 personen

4 stuks kip

300 ml/½ pt/1¼ kopje sojasaus

Frituur olie

4 sjalotten (groene lente-uitjes), in dikke plakjes gesneden

1 schijfje gemberwortel, gehakt

Snijd de kip in grote stukken en marineer deze gedurende 10 minuten in sojasaus. Verwijder en laat uitlekken, bewaar de sojasaus. Verhit de olie en bak de kip in ongeveer 2 minuten lichtbruin. Verwijderen en laten uitlekken. Giet alles behalve 30 ml/2 eetlepels olie erbij, voeg dan de sjalotten, gember, pepers en steranijs toe en bak gedurende 1 minuut. Doe de kip terug in de pan met de bamboescheuten en de gereserveerde sojasaus en voeg voldoende bouillon toe om de kip te bedekken. Breng aan de kook en laat ongeveer 10 minuten koken tot de kip gaar is. Haal de kip met een schuimspaan uit de saus en leg hem op een warme serveerschaal. Zeef de saus en doe hem terug in de pan. Meng de maïzena en het water tot een pasta, voeg de saus toe en kook op laag vuur, al roerend, tot de saus dikker wordt.

Gouden munten

Voor 4 personen

4 kipfiletfilets

30 ml/2 eetlepels honing

30 ml/2 eetlepels wijnazijn

30 ml/2 eetlepels ketchup (ketchup)

30 ml/2 eetlepels sojasaus

snufje zout

2 teentjes knoflook, geperst

5 ml/1 theelepel vijfkruidenpoeder

45 ml/3 eetlepels gewone bloem (universeel)

2 losgeklopte eieren

5 ml/1 theelepel geraspte gemberwortel

5 ml/1 theelepel citroenschil

100 g/4 oz/1 kop droog broodkruim

Frituur olie

Doe de kip in een kom. Meng honing, wijnazijn, ketchup, sojasaus, zout, knoflook en vijfkruidenpoeder. Giet over de kip, meng goed, dek af en laat 12 uur in de koelkast marineren.

Haal de kip uit de marinade en snij in dikke reepjes. Bestrooi met bloem. Voeg de eieren, gember en citroenschil toe. Paneer de kip met het mengsel en vervolgens met het paneermeel tot alles bedekt is. Verhit de olie en bak de kip goudbruin.

Gestoomde kip met ham

Voor 4 personen

4 stuks kip

100 g gehakte gerookte ham

3 sjalotten (groene lente-uitjes), gehakt

15 ml/1 eetlepel arachideolie

zout en versgemalen peper

15 ml/1 eetlepel platte peterselie

Snij de stukken kip in stukjes van 5 cm en doe ze samen met de ham en bieslook in een ovenvaste schaal. Besprenkel met olie, breng op smaak met zout en peper en meng de ingrediënten voorzichtig door elkaar. Zet de kom op een rooster in een stoompan, dek af en stoom ongeveer 40 minuten boven kokend water tot de kip gaar is. Serveer gegarneerd met peterselie.

Kip met hoisinsaus

Voor 4 personen

4 porties kip, gehalveerd

50 g/2 ounces/½ kopje maïsmeel (maïszetmeel)

Frituur olie

10 ml/2 theelepels geraspte gemberwortel

2 gehakte uien

225 g broccoliroosjes

1 rode paprika, gehakt

225 g champignons

250 ml kippenbouillon

45 ml/3 eetlepels rijstwijn of droge sherry

45 ml/3 eetlepels appelazijn

45 ml/3 eetlepels hoisinsaus

20 ml/4 theelepels sojasaus

Bestrijk de stukken kip met de helft van het maizena. Verhit de olie en bak de stukken kip beetje bij beetje in ongeveer 8 minuten goudbruin en gaar. Haal uit de pan en laat uitlekken op absorberend papier. Verwijder alle olie, op 30 ml/2 eetlepels na, uit de pan en fruit de gember gedurende 1 minuut. Voeg de uien toe en bak 1 minuut. Voeg de broccoli, paprika en champignons toe en bak 2 minuten. Meng de bouillon met het achtergehouden maïzena en de rest van de ingrediënten en voeg toe aan de pan. Breng aan de kook, roer en kook tot de saus helder is. Doe de kip terug in de wok en kook al roerend ongeveer 3 minuten tot hij warm is.

Honing kip

Voor 4 personen

30 ml/2 eetlepels arachideolie

4 stuks kip

30 ml/2 eetlepels sojasaus

120 ml/4 fl oz/½ kopje rijstwijn of droge sherry

30 ml/2 eetlepels honing

5 ml/1 theelepel zout

1 sjalot (groene ui), gehakt

1 schijfje gemberwortel, fijngehakt

Verhit de olie en bak de kip aan alle kanten goudbruin. Giet de overtollige olie af. Meng de overige ingrediënten en giet ze in de pan. Breng aan de kook, dek af en laat ongeveer 40 minuten sudderen tot de kip gaar is.

Kung Pao-kip

Voor 4 personen

450 g kip, in blokjes gesneden

1 eiwit

5 ml/1 theelepel zout

30 ml/2 eetlepels maïszetmeel (maïszetmeel)

60 ml/4 eetlepels arachideolie

25 g gedroogde rode pepers, fijngehakt

5 ml/1 theelepel gehakte knoflook

15 ml/1 eetlepel sojasaus

15 ml/1 eetlepel rijstwijn of droge sherry 5 ml/1 theelepel

suiker

5 ml/1 theelepel wijnazijn

5 ml/1 theelepel sesamolie

30 ml/2 eetlepels water

Doe de kip in een kom met het eiwit, het zout en de helft van het maïszetmeel en laat 30 minuten marineren. Verhit de olie en bak de kip lichtbruin en haal hem dan uit de pan. Verhit de olie en bak de chilipepers en knoflook 2 minuten. Doe de kip terug in de pan met de sojasaus, wijn of sherry, suiker, wijnazijn en sesamolie en bak 2 minuten. Meng de rest van het maizena met het water, giet het in de pan en kook op laag vuur al roerend tot de saus licht en dik wordt.

Kip met prei

Voor 4 personen

30 ml/2 eetlepels arachideolie

5 ml/1 theelepel zout

225 g prei, in plakjes gesneden

1 schijfje gemberwortel, gehakt

225 g kip, in dunne plakjes gesneden

15 ml/1 eetlepel rijstwijn of droge sherry

15 ml/1 eetlepel sojasaus

Verhit de helft van de olie en bak het zout en de prei goudbruin en haal ze uit de pan. Verhit de resterende olie en bak de gember en kip tot ze lichtbruin zijn. Voeg de wijn of sherry en de sojasaus toe en bak nog 2 minuten tot de kip gaar is. Doe de prei terug in de pan en roer tot hij goed verwarmd is. Serveer onmiddellijk.

Kip Met Citroen

Voor 4 personen

4 kipfilets zonder bot

2 eieren

50 g/2 ounces/½ kopje maïsmeel (maïszetmeel)

50 g/2 ounces/½ kopje gewone bloem (universeel)

150 ml/¼ pt/½ grote kop water

arachideolie (pinda's) om te frituren

250 ml kippenbouillon

60 ml/5 eetlepels citroensap

30 ml/2 eetlepels rijstwijn of droge sherry

30 ml/2 eetlepels maïszetmeel (maïszetmeel)

30 ml/2 eetlepels tomatenpuree (pasta)

1 krop sla

Snij elke kipfilet in 4 stukken. Klop de eieren, maizena en bloem door elkaar en voeg voldoende water toe om een dik beslag te maken. Doe de stukken kip in het beslag en meng tot alles goed bedekt is. Verhit de olie en bak de kip goudbruin en goed gaar.

Voeg intussen de bouillon, het citroensap, de wijn of sherry, het maizena en de tomatenpuree toe en verwarm zachtjes al roerend tot het mengsel kookt. Kook op laag vuur, onder voortdurend roeren, tot de saus ingedikt en helder is geworden. Schik de kip op een warme serveerschaal op een bedje slablaadjes en giet de saus erover of serveer apart.

Geroerbakte citroenkip

Voor 4 personen

450 g kip zonder bot, in plakjes gesneden

30 ml/2 eetlepels citroensap

15 ml/1 eetlepel sojasaus

15 ml/1 eetlepel rijstwijn of droge sherry

30 ml/2 eetlepels maïszetmeel (maïszetmeel)

30 ml/2 eetlepels arachideolie

2,5 ml/½ theelepel zout

2 teentjes knoflook, geperst

50 g waterkastanjes, in reepjes gesneden

50 g bamboescheuten, in reepjes gesneden

enkele porseleinen bladeren in reepjes gesneden

60 ml/4 eetlepels kippenbouillon

15 ml/1 eetlepel tomatenpuree (pasta)

15 ml/1 eetlepel suiker

15 ml/1 eetlepel citroensap

Doe de kip in een kom. Meng citroensap, sojasaus, wijn of sherry en 15 ml/1 theelepel. beetje maïzena, over de kip gieten en 1 uur laten marineren, af en toe roeren.

Verhit de olie, het zout en de knoflook tot ze lichtbruin zijn, voeg dan de kip en de marinade toe en bak ongeveer 5 minuten tot de kip lichtbruin is. Voeg de waterkastanjes, bamboescheuten en Chinese bladeren toe en roerbak nog 3 minuten of tot de kip net gaar is. Voeg de overige ingrediënten toe en bak ongeveer 3 minuten tot de saus transparant wordt en dikker wordt.

Kippenlevertjes met bamboescheuten

Voor 4 personen

225 g kippenlevers, in dikke plakjes gesneden

45 ml/3 eetlepels rijstwijn of droge sherry

45 ml/3 eetlepels arachideolie

15 ml/1 eetlepel sojasaus

100 g bamboescheuten, in plakjes gesneden

100 g waterkastanjes, in plakjes gesneden

60 ml/4 eetlepels kippenbouillon

zout en versgemalen peper

Meng de levers met de wijn of sherry en laat 30 minuten rusten. Verhit de olie en bak de kippenlevertjes lichtbruin. Voeg de marinade, sojasaus, bamboescheuten, waterkastanjes en bouillon toe. Breng aan de kook en breng op smaak met peper en zout. Dek af en laat ongeveer 10 minuten sudderen tot het gaar is.

gebakken kippenlevertjes

Voor 4 personen

450 g kippenlevertjes, gehalveerd

50 g/2 ounces/½ kopje maïsmeel (maïszetmeel)

Frituur olie

Maak de kippenlevers schoon en bestrooi ze met maizena, verwijder het overtollige. Verhit de olie en bak de

kippenlevertjes in enkele minuten goudbruin en gaar. Laat ze
voor het serveren uitlekken op absorberend papier.

Kippenlevertjes met peultjes

Voor 4 personen

225 g kippenlevers, in dikke plakjes gesneden

10 ml/2 theelepels maïszetmeel (maïszetmeel)

10 ml/2 theelepels rijstwijn of droge sherry

15 ml/1 eetlepel sojasaus

45 ml/3 eetlepels arachideolie

2,5 ml/½ theelepel zout

2 plakjes gemberwortel, gehakt

100 g peultjes

10 ml/2 theelepels maïszetmeel (maïszetmeel)

60 ml/4 eetlepels water

Doe de kippenlevertjes in een kom. Voeg het maïszetmeel, de wijn of sherry en de sojasaus toe en meng goed om te coaten. Verhit de helft van de olie en bak het zout en de gember goudbruin. Voeg het korstje toe en bak tot het goed bedekt is met olie en haal het dan uit de pan. Verhit de resterende olie en bak de kippenlevertjes gedurende 5 minuten tot ze gaar zijn. Meng de maïzena en het water tot een pasta, voeg deze toe aan de pan en kook op laag vuur, al roerend, tot de saus helder wordt en dikker wordt. Doe de schurft terug in de pan en laat sudderen tot hij goed verwarmd is.

Kippenlevertjes met pastapannenkoekjes

Voor 4 personen

30 ml/2 eetlepels arachideolie

1 ui, gesneden

450 g kippenlevertjes, gehalveerd

2 stengels bleekselderij, in plakjes gesneden

120 ml kippenbouillon

15 ml/1 eetlepel maïszetmeel (maïszetmeel)

15 ml/1 eetlepel sojasaus

30 ml/2 eetlepels water

Deeg pannenkoek

Verhit de olie en bak de ui tot ze gaar is. Voeg de kippenlevertjes toe en bak ze goudbruin. Voeg de bleekselderij toe en bak 1 minuut. Voeg de bouillon toe, breng aan de kook, dek af en laat 5 minuten koken. Meng het maizena, de sojasaus en het water tot een pasta, doe het in de pan en kook op laag vuur al roerend tot de saus helder en dikker wordt. Giet het mengsel over de pannenkoek en serveer.

Kippenlevertjes met oestersaus

Voor 4 personen

45 ml/3 eetlepels arachideolie

1 ui gehakt

225 g kippenlevertjes, gehalveerd

100 g champignons, in plakjes gesneden

30 ml/2 eetlepels oestersaus

15 ml/1 eetlepel sojasaus

15 ml/1 eetlepel rijstwijn of droge sherry

120 ml kippenbouillon

5 ml/1 theelepel suiker

15 ml/1 eetlepel maïszetmeel (maïszetmeel)

45 ml/3 eetlepels water

Verhit de helft van de olie en bak de ui glazig. Voeg de kippenlevers toe en bak ze goudbruin. Voeg de champignons toe en bak ze 2 minuten bruin. Meng de oestersaus, sojasaus, wijn of sherry, bouillon en suiker, giet alles in de pan en breng onder voortdurend roeren aan de kook. Meng het maizena en het water tot een pasta, doe het in de pan en kook op laag vuur al roerend tot de saus licht en dik is en de levers zacht zijn.

Kippenlevertjes met ananas

Voor 4 personen

225 g kippenlevertjes, gehalveerd

45 ml/3 eetlepels arachideolie

30 ml/2 eetlepels sojasaus

15 ml/1 eetlepel maïszetmeel (maïszetmeel)

15 ml/1 eetlepel suiker

15 ml/1 eetlepel wijnazijn

zout en versgemalen peper

Ananasstukjes van 100 g

60 ml/4 eetlepels kippenbouillon

Blancheer de kippenlevertjes 30 seconden in kokend water en laat ze uitlekken. Verhit de olie en bak de kippenlevers gedurende 30 seconden. Meng de sojasaus, maizena, suiker, wijnazijn, zout en peper, giet het in een pan en meng goed zodat de kippenlevers bedekt zijn. Voeg de ananasstukken en de bouillon toe en bak ongeveer 3 minuten tot de levers gaar zijn.

Zoetzure kippenlevertjes

Voor 4 personen

30 ml/2 eetlepels arachideolie

450 g kippenlevers, in vieren gesneden

2 groene paprika's, in stukjes gesneden

4 plakjes ananas uit blik, in stukjes gesneden

60 ml/4 eetlepels kippenbouillon

30 ml/2 eetlepels maïszetmeel (maïszetmeel)

10 ml/2 theelepels sojasaus

100 g/4 oz/½ kopje suiker

120 ml/4 fl oz/½ kopje wijnazijn

120 ml/4 ounces/½ kopje water

Verhit de olie en bak de levers tot ze lichtbruin zijn. Leg ze vervolgens op een warm bord om te serveren. Voeg de paprika toe aan de pan en bak 3 minuten. Voeg de ananas en de bouillon toe, breng aan de kook, dek af en laat 15 minuten koken. Meng de overige ingrediënten tot er een pasta ontstaat, voeg deze toe aan de pan en kook op laag vuur al roerend tot de saus is ingedikt. Giet over de kippenlevers en serveer.

Lychee-kip

Voor 4 personen

3 kipfilets

60 ml/4 eetlepels maïszetmeel (maïszetmeel)

45 ml/3 eetlepels arachideolie

5 sjalotjes (groene lente-uitjes), in plakjes gesneden

1 rode paprika, in stukjes gesneden

120 ml/4 fl oz/½ kopje tomatensaus

120 ml kippenbouillon

5 ml/1 theelepel suiker

275 g gepelde lychees

Snijd de kipfilets doormidden en gooi de botten en het vel weg. Snijd elke borst in 6 stukken. Bewaar 5 ml/1 theelepel maizena en voeg de kip toe aan de rest totdat deze goed bedekt is. Verhit de olie en bak de kip in ongeveer 8 minuten goudbruin. Voeg de sjalotjes en paprika toe en bak 1 minuut. Meng de tomatensaus, de helft van de bouillon en de suiker en giet dit samen met de lychees in de wok. Breng aan de kook, dek af en laat ongeveer 10 minuten koken tot de kip gaar is. Combineer het gereserveerde maïzena en de bouillon en voeg het toe aan de pan. Kook op laag vuur, al roerend, tot de saus licht en dikker wordt.

Kip met lycheesaus

Voor 4 personen

225 g kip

1 bieslook (lente-ui)

4 waterkastanjes

30 ml/2 eetlepels maïszetmeel (maïszetmeel)

45 ml/3 eetlepels sojasaus

30 ml/2 eetlepels rijstwijn of droge sherry

2 eiwitten

Frituur olie

400 g lychees uit blik op siroop

5 eetlepels kippenbouillon

Hak (malen) de kip met de sjalotten en waterkastanjes. Meng de helft van het maizena, 30 ml/2 eetlepels sojasaus, de wijn of sherry en het eiwit. Vorm van het mengsel balletjes ter grootte van een walnoot. Verhit de olie en bak de kip goudbruin. Laat uitlekken op absorberend papier.

Verwarm ondertussen de lycheesiroop lichtjes met de bouillon en de sojasaus, apart gezet. Meng de rest van het maïzena met een beetje water, giet het in de pan en kook op laag vuur, al roerend, tot de saus lichter en dikker wordt. Voeg de lychees toe en laat het geheel doorwarmen. Leg de kip op een warm bord, giet de lychees en de saus erover en serveer direct.

Kip met schurft

Voor 4 personen

225 g kip, in dunne plakjes gesneden

5 ml/1 theelepel maïszetmeel (maïszetmeel)

5 ml/1 theelepel rijstwijn of droge sherry

5 ml/1 theelepel sesamolie

1 eiwit, lichtgeklopt

45 ml/3 eetlepels arachideolie

1 teentje knoflook, geperst

1 schijfje gemberwortel, gehakt

100 g peultjes

120 ml kippenbouillon

zout en versgemalen peper

Meng de kip met de maizena, wijn of sherry, sesamolie en eiwit. Verhit de helft van de olie en bak de knoflook en gember tot ze lichtbruin zijn. Voeg de kip toe en bak deze goudbruin, haal hem dan uit de pan. Verhit de rest van de olie en bak de sardientjes 2 minuten. Voeg de bouillon toe, breng aan de kook, dek af en laat 2 minuten koken. Doe de kip terug in de pan en breng op smaak met zout en peper. Laat sudderen tot het goed verwarmd is.

mango-kip

Voor 4 personen

100 g/4 oz/1 kopje gewone bloem (universeel)

250 ml/8 ounces/1 kopje water

2,5 ml/½ theelepel zout

snufje gist

3 kipfilets

Frituur olie

1 schijfje gemberwortel, gehakt

150 ml/¼ pt/½ volle kop kippenbouillon

45 ml/3 eetlepels wijnazijn

45 ml/3 eetlepels rijstwijn of droge sherry

20 ml/4 theelepels sojasaus

10 ml/2 theelepels suiker

10 ml/2 theelepels maïszetmeel (maïszetmeel)

5 ml/1 theelepel sesamolie

5 sjalotjes (groene lente-uitjes), in plakjes gesneden

400 g mango uit blik, uitgelekt en in reepjes gesneden

Meng de bloem, het water, het zout en de gist door elkaar. Laat 15 minuten rusten. Verwijder het vel en de botten van de kip en gooi deze weg. Snij de kip in dunne reepjes. Meng ze met het bloemmengsel. Verhit de olie en bak de kip in ongeveer 5 minuten goudbruin. Haal uit de pan en laat uitlekken op absorberend papier. Verwijder alle olie, op 15 ml/1 eetlepel na, uit de wok en bak de gember tot hij lichtbruin is. Meng de bouillon met azijn, wijn of sherry, sojasaus, suiker, maizena en sesamolie. Voeg toe aan de pan en breng al roerend aan de kook. Voeg de sjalotjes toe en laat 3 minuten koken. Voeg de kip en de mango's toe en laat al roerend 2 minuten sudderen.

Meloen gevuld met kip

Voor 4 personen

350 g kippenvlees

6 waterkastanjes

2 gepelde coquilles

4 plakjes gemberwortel

5 ml/1 theelepel zout

15 ml/1 eetlepel sojasaus

600 ml kippenbouillon

8 kleine of 4 middelgrote meloenmeloenen

Snijd de kip, kastanjes, coquilles en gember fijn en meng met zout, sojasaus en bouillon. Snijd de bovenkant van de meloenen af en verwijder de zaden. Knijp de bovenranden samen. Vul de meloenen met het kippenmengsel en plaats ze op een rooster in de stoompan. Stoom gedurende 40 minuten boven kokend water tot de kip gaar is.

Gebakken kip en champignons

Voor 4 personen

45 ml/3 eetlepels arachideolie

1 teentje knoflook, geperst

1 sjalot (groene ui), gehakt

1 schijfje gemberwortel, gehakt

225 g kipfilet, in reepjes gesneden

225 g champignons

45 ml/3 eetlepels sojasaus

15 ml/1 eetlepel rijstwijn of droge sherry

5 ml/1 theelepel maïszetmeel (maïszetmeel)

Verhit de olie en bak de knoflook, sjalotten en gember tot ze lichtbruin zijn. Voeg de kip toe en bak 5 minuten bruin. Voeg de champignons toe en bak ze 3 minuten bruin. Voeg de sojasaus, wijn of sherry en maïzena toe en bak ongeveer 5 minuten tot de kip gaar is.

Kip met Champignons en Pinda's

Voor 4 personen

30 ml/2 eetlepels arachideolie

2 teentjes knoflook, geperst

1 schijfje gemberwortel, gehakt

450 g kip zonder bot, in blokjes gesneden

225 g champignons

100 g bamboescheuten, in reepjes gesneden

1 groene paprika, in blokjes gesneden

1 rode paprika, in blokjes gesneden

250 ml kippenbouillon

30 ml/2 eetlepels rijstwijn of droge sherry

15 ml/1 eetlepel sojasaus

15 ml/1 eetlepel Tabasco-saus

30 ml/2 eetlepels maïszetmeel (maïszetmeel)

30 ml/2 eetlepels water

Verhit de olie, knoflook en gember tot de knoflook lichtbruin is. Voeg de kip toe en bak tot deze lichtbruin is. Voeg de champignons, bamboescheuten en paprika toe en bak 3 minuten. Voeg de bouillon, wijn of sherry, sojasaus en tabascosaus toe en breng al roerend aan de kook. Dek af en kook ongeveer 10 minuten tot de kip gaar is. Meng de maïzena en het water en voeg toe aan de saus. Laat al roerend sudderen tot de saus licht en dik wordt. Voeg wat meer bouillon of water toe als de saus te dik is.

Gebakken kip met champignons

Voor 4 personen

6 gedroogde Chinese paddenstoelen

1 kipfilet, in dunne plakjes gesneden

1 schijfje gemberwortel, gehakt

2 sjalotten (groene lente-uitjes), in plakjes gesneden

15 ml/1 eetlepel maïszetmeel (maïszetmeel)

15 ml/1 eetlepel rijstwijn of droge sherry

30 ml/2 eetlepels water

2,5 ml/½ theelepel zout

45 ml/3 eetlepels arachideolie

225 g champignons, in plakjes gesneden

100 g sojascheuten

15 ml/1 eetlepel sojasaus

5 ml/1 theelepel suiker

120 ml kippenbouillon

Week de champignons 30 minuten in warm water en laat ze vervolgens uitlekken. Verwijder de stelen en snijd de toppen. Doe de kip in een kom. Meng de gember, bieslook, maïzena, wijn of sherry, water en zout, voeg toe aan de kip en laat 1 uur staan. Verhit de helft van de olie en bak de kip lichtbruin en haal hem dan uit de pan. Verhit de resterende olie en bak de verse en gedroogde champignons en taugé gedurende 3 minuten. Voeg de sojasaus, de suiker en de bouillon toe, breng aan de kook, dek af en laat 4 minuten koken tot de groenten gaar zijn. Doe de kip terug in de pan, meng goed en verwarm zachtjes voor het serveren.

Gestoomde kip met champignons

Voor 4 personen

4 stuks kip

30 ml/2 eetlepels maïszetmeel (maïszetmeel)

30 ml/2 eetlepels sojasaus

3 sjalotten (groene lente-uitjes), gehakt

2 plakjes gemberwortel, gehakt

2,5 ml/½ theelepel zout

100 g champignons, in plakjes gesneden

Snijd de stukken kip in stukken van 5 cm en plaats ze in een ovenvaste schaal. Meng de maizena en de sojasaus tot een pasta, voeg de sjalotten, gember en zout toe en meng goed met de kip. Spatel voorzichtig de champignons erdoor. Zet de kom

op een rooster in een stoompan, dek af en stoom ongeveer 35
minuten boven kokend water tot de kip gaar is.

kip met ui

Voor 4 personen

60 ml/4 eetlepels arachideolie

2 gehakte uien

450 g kip, in plakjes gesneden

30 ml/2 eetlepels rijstwijn of droge sherry

250 ml kippenbouillon

45 ml/3 eetlepels sojasaus

30 ml/2 eetlepels maïszetmeel (maïszetmeel)

45 ml/3 eetlepels water

Verhit de olie en bak de uien tot ze lichtbruin zijn. Voeg de kip
toe en bak tot deze lichtbruin is. Voeg de wijn of sherry, de
bouillon en de sojasaus toe, breng aan de kook, dek af en laat
25 minuten sudderen tot de kip gaar is. Meng de maïzena en
het water tot een pasta, voeg deze toe aan de pan en kook op
laag vuur, al roerend, tot de saus helder wordt en dikker wordt.

Kip met sinaasappel en citroen

Voor 4 personen

350 g kippenvlees, in reepjes gesneden

30 ml/2 eetlepels arachideolie

2 teentjes knoflook, geperst

2 plakjes gemberwortel, gehakt

schil van ½ sinaasappel

schil van ½ citroen

45 ml/3 eetlepels sinaasappelsap

45 ml/3 eetlepels citroensap

15 ml/1 eetlepel sojasaus

3 sjalotten (groene lente-uitjes), gehakt

15 ml/1 eetlepel maïszetmeel (maïszetmeel)

45 ml/1 eetlepel water

Blancheer de kip 30 seconden in kokend water en laat hem vervolgens uitlekken. Verhit de olie en fruit de knoflook en gember gedurende 30 seconden. Voeg de sinaasappel- en citroenschil en het sap, de sojasaus en de sjalotjes toe en bak 2 minuten. Voeg de kip toe en laat een paar minuten koken tot de kip gaar is. Meng de maïzena en het water tot een pasta, voeg deze toe aan de pan en kook op laag vuur, al roerend, tot de saus is ingedikt.

Kip met oestersaus

Voor 4 personen

30 ml/2 eetlepels arachideolie

1 teentje knoflook, geperst

1 schijfje gember, fijngehakt

450 g kip, in plakjes gesneden

250 ml kippenbouillon

30 ml/2 eetlepels oestersaus

15 ml/1 eetlepel rijstwijn of sherry

5 ml/1 theelepel suiker

Verhit de olie met de knoflook en gember en bak tot ze lichtbruin zijn. Voeg de kip toe en bak ongeveer 3 minuten tot hij lichtbruin is. Voeg de bouillon, oestersaus, wijn of sherry en suiker toe, breng al roerend aan de kook, dek af en laat ongeveer 15 minuten sudderen, af en toe roerend, tot de kip gaar is. Verwijder het deksel en kook al roerend ongeveer 4 minuten totdat de saus is ingekookt en ingedikt.

kip pakket

Voor 4 personen

225 g kip

30 ml/2 eetlepels rijstwijn of droge sherry

30 ml/2 eetlepels sojasaus

vetvrij papier of perkamentpapier

30 ml/2 eetlepels arachideolie

Frituur olie

Snijd de kip in blokjes van 5 cm/2 inch. Meng de wijn of sherry en de sojasaus, giet het over de kip en meng goed. Dek af en laat 1 uur rusten, af en toe roeren. Snij het papier in vierkantjes van 10 cm en bestrijk het met olie. Laat de kip goed uitlekken. Leg een vel papier op je werkblad met één hoek naar je toe. Leg een stuk kip op het vierkant net onder het midden, vouw de onderste hoek om en vouw hem opnieuw om de kip te omsluiten. Vouw de zijkanten naar binnen en vouw vervolgens de bovenste hoek naar beneden om het pakket vast te zetten. Verhit de olie en bak de stukken kip ongeveer 5 minuten tot ze gaar zijn. Serveer warm in pakjes die de gasten kunnen openen.

Kip met pinda's

Voor 4 personen

225 g kip, in dunne plakjes gesneden

1 eiwit, lichtgeklopt

10 ml/2 theelepels maïszetmeel (maïszetmeel)

45 ml/3 eetlepels arachideolie

1 teentje knoflook, geperst

1 schijfje gemberwortel, gehakt

2 preien, gehakt

30 ml/2 eetlepels sojasaus

15 ml/1 eetlepel rijstwijn of droge sherry

100 g geroosterde pinda's

Meng de kip met het eiwit en maizena tot alles bedekt is. Verhit de helft van de olie en bak de kip goudbruin en haal hem dan uit de pan. Verhit de resterende olie en bak de knoflook en gember tot ze zacht zijn. Voeg de prei toe en bak tot deze lichtbruin is. Voeg de sojasaus en de wijn of sherry toe en laat 3 minuten sudderen. Doe de kip terug in de pan met de pinda's en laat sudderen tot hij warm is.

Pindakaas Kip

Voor 4 personen

4 kipfilets, in blokjes gesneden

zout en versgemalen peper

5 ml/1 theelepel vijfkruidenpoeder

45 ml/3 eetlepels arachideolie

1 ui gehakt

2 wortels, in blokjes gesneden

1 stengel bleekselderij, in blokjes gesneden

300 ml kippenbouillon

10 ml/2 theelepels tomatenpuree (pasta)

100 g pindakaas

15 ml/1 eetlepel sojasaus

10 ml/2 theelepels maïszetmeel (maïszetmeel)

snufje bruine suiker

15 ml/1 eetlepel gehakte bieslook

Kruid de kip met peper, zout en vijfkruidenpoeder. Verhit de olie en bak de kip gaar. Haal uit de pan. Voeg de groenten toe en bak tot ze gaar maar nog steeds knapperig zijn. Meng de bouillon met de rest van de ingrediënten behalve de bieslook, roer de pan erdoor en breng aan de kook. Doe de kip terug in de pan en verwarm al roerend opnieuw. Serveer bestrooid met suiker.

Kip met groene erwten

Voor 4 personen

60 ml/4 eetlepels arachideolie

1 ui gehakt

450 g in blokjes gesneden kip

zout en versgemalen peper

100 g erwten

2 stengels bleekselderij, gehakt

100 g gehakte champignons

250 ml kippenbouillon

15 ml/1 eetlepel maïszetmeel (maïszetmeel)

15 ml/1 eetlepel sojasaus

60 ml/4 eetlepels water

Verhit de olie en bak de ui licht goudbruin. Voeg de kip toe en bak goudbruin. Breng op smaak met peper en zout en voeg de erwten, bleekselderij en champignons toe en meng goed. Voeg de bouillon toe, breng aan de kook, dek af en laat 15 minuten koken. Meng het maizena, de sojasaus en het water tot een pasta, doe het in de pan en kook op laag vuur al roerend tot de saus helder en dikker wordt.

Peking-kip

Voor 4 personen

4 stuks kip

zout en versgemalen peper

5 ml/1 theelepel suiker

1 sjalot (groene ui), gehakt

1 schijfje gemberwortel, gehakt

15 ml/1 eetlepel sojasaus

15 ml/1 eetlepel rijstwijn of droge sherry

15 ml/1 eetlepel maïszetmeel (maïszetmeel)

Frituur olie

Doe de stukken kip in een ondiepe kom en bestrooi met zout en peper. Meng de suiker, sjalotten, gember, sojasaus en wijn of sherry, wrijf de kip in, dek af en marineer gedurende 3 uur. Giet de kip af en bestrooi hem met maizena. Verhit de olie en bak de kip goudbruin en goed gaar. Laat goed uitlekken voordat je het serveert.

Peper kip

Voor 4 personen

60 ml/4 eetlepels sojasaus

45 ml/3 eetlepels rijstwijn of droge sherry

45 ml/3 eetlepels maïszetmeel (maïszetmeel)

450 g kip, gehakt (gemalen)

60 ml/4 eetlepels arachideolie

2,5 ml/½ theelepel zout

2 teentjes knoflook, geperst

2 rode paprika's, in blokjes gesneden

1 groene paprika, in blokjes gesneden

5 ml/1 theelepel suiker

300 ml kippenbouillon

Meng de helft sojasaus, de helft wijn of sherry en de helft maizena. Giet over de kip, meng goed en laat minimaal 1 uur marineren. Verhit de helft van de olie met het zout en de knoflook tot de knoflook lichtbruin is. Voeg de kip en de marinade toe en bak ongeveer 4 minuten tot de kip wit is. Haal vervolgens uit de pan. Voeg de resterende olie toe aan de pan en bak de paprika 2 minuten. Voeg de suiker toe aan de pan met de rest van de sojasaus, wijn of sherry en maizena en meng goed. Voeg de bouillon toe, breng aan de kook en laat al roerend koken tot de saus dikker wordt. Doe de kip terug in de pan,

Gebakken kip met paprika

Voor 4 personen

1 kipfilet, in dunne plakjes gesneden

2 plakjes gemberwortel, gehakt

2 sjalotten (groene lente-uitjes), in plakjes gesneden

15 ml/1 eetlepel maïszetmeel (maïszetmeel)

30 ml/2 eetlepels rijstwijn of droge sherry

30 ml/2 eetlepels water

2,5 ml/½ theelepel zout

45 ml/3 eetlepels arachideolie

100 g waterkastanjes, in plakjes gesneden

1 rode paprika, in reepjes gesneden

1 groene paprika, in reepjes gesneden

1 gele paprika, in reepjes gesneden

30 ml/2 eetlepels sojasaus

120 ml kippenbouillon

Doe de kip in een kom. Meng de gember, bieslook, maïzena, wijn of sherry, water en zout, voeg toe aan de kip en laat 1 uur staan. Verhit de helft van de olie en bak de kip lichtbruin en haal hem dan uit de pan. Verhit de overige olie en bak de waterkastanjes en paprika 2 minuten. Voeg de sojasaus en de bouillon toe, breng aan de kook, dek af en kook gedurende 5 minuten tot de groenten gaar zijn. Doe de kip terug in de pan, meng goed en verwarm zachtjes voor het serveren.

Kip en Ananas

Voor 4 personen

30 ml/2 eetlepels arachideolie

5 ml/1 theelepel zout

2 teentjes knoflook, geperst

450 g kip zonder bot, in dunne plakjes gesneden

2 uien, gesneden

100 g waterkastanjes, in plakjes gesneden

Ananasstukjes van 100 g

30 ml/2 eetlepels rijstwijn of droge sherry

450 ml kippenbouillon

5 ml/1 theelepel suiker

versgemalen peper

30 ml/2 eetlepels ananassap

30 ml/2 eetlepels sojasaus

30 ml/2 eetlepels maïszetmeel (maïszetmeel)

Verhit de olie, het zout en de knoflook tot de knoflook lichtbruin is. Voeg de kip toe en bak 2 minuten bruin. Voeg de ui, waterkastanjes en ananas toe en bak 2 minuten. Voeg de wijn of sherry, de bouillon en de suiker toe en breng op smaak met peper. Breng aan de kook, dek af en laat 5 minuten koken. Meng het ananassap, de sojasaus en de maïzena. Giet het in de pan en kook op laag vuur, al roerend, tot de saus ingedikt en helder is geworden.

Kip met ananas en lychee

Voor 4 personen

30 ml/2 eetlepels arachideolie

225 g kip, in dunne plakjes gesneden

1 schijfje gemberwortel, gehakt

15 ml/1 eetlepel sojasaus

15 ml/1 eetlepel rijstwijn of droge sherry

200 g ananasstukjes uit blik op siroop

200 g lychees uit blik op siroop

15 ml/1 eetlepel maïszetmeel (maïszetmeel)

Verhit de olie en bak de kip lichtbruin. Voeg de sojasaus en de wijn of sherry toe en meng goed. Meet 250 ml/8 fl oz/1 kopje van de ananas-lychee-siroop af en bewaar 30 ml/2 eetlepels.

Voeg de rest toe aan de pan, breng aan de kook en laat een paar minuten koken tot de kip gaar is. Voeg de ananasstukjes en lychees toe. Meng het maïzena met de bewaarde siroop, voeg het toe aan de pan en kook op laag vuur, al roerend, tot de saus licht en dikker wordt.

Kip met varkensvlees

Voor 4 personen

1 kipfilet, in dunne plakjes gesneden

100 g mager varkensvlees, in dunne plakjes gesneden

60 ml/4 eetlepels sojasaus

15 ml/1 eetlepel maïszetmeel (maïszetmeel)

1 eiwit

45 ml/3 eetlepels arachideolie

3 plakjes gemberwortel, gehakt

50 g bamboescheuten, in plakjes gesneden

225 g champignons, in plakjes gesneden

225 g Chinese bladeren, geraspt

120 ml kippenbouillon

30 ml/2 eetlepels water

Roer de kip en het varkensvlees erdoor. Meng de sojasaus, 5 ml/1 theelepel maïzena en het eiwit en voeg de kip en het varkensvlees toe. Laat 30 minuten rusten. Verhit de helft van de olie en bak de kip en het varkensvlees goudbruin en haal ze vervolgens uit de pan. Verhit de resterende olie en bak de gember, bamboescheuten, champignons en Chinese bladeren tot ze goed bedekt zijn met olie. Voeg de bouillon toe en breng aan de kook. Doe het kippenmengsel terug in de pan, dek af en laat ongeveer 3 minuten sudderen tot het vlees gaar is. Meng de rest van de maïzenapasta met het water, voeg het toe aan de saus en kook op laag vuur al roerend tot de saus dikker wordt.

Gestoofde kip met aardappelen

Voor 4 personen

4 stuks kip

45 ml/3 eetlepels arachideolie

1 ui, gesneden

1 teentje knoflook, geperst

2 plakjes gemberwortel, gehakt

450 ml/¾ pt/2 kopjes water

45 ml/3 eetlepels sojasaus

15 ml/1 eetlepel bruine suiker

2 aardappelen, in blokjes gesneden

Snijd de kip in stukken van 5 cm/2 inch. Verhit de olie en fruit de ui, knoflook en gember tot ze lichtbruin zijn. Voeg de kip toe en bak tot deze lichtbruin is. Voeg het water en de sojasaus toe en breng aan de kook. Voeg de suiker toe, dek af en kook ongeveer 30 minuten. Voeg de aardappelen toe aan de pan, dek af en kook nog eens 10 minuten tot de kip gaar is en de aardappelen gaar zijn.

Vijfkruidenkip met aardappelen

Voor 4 personen

45 ml/3 eetlepels arachideolie

450 g kip, in stukjes gesneden

zout

45 ml/3 eetlepels gele bonenpasta

45 ml/3 eetlepels sojasaus

5 ml/1 theelepel suiker

5 ml/1 theelepel vijfkruidenpoeder

1 aardappel, in blokjes gesneden

450 ml kippenbouillon

Verhit de olie en bak de kip lichtbruin. Bestrooi met zout, voeg dan de bonenpasta, sojasaus, suiker en vijfkruidenpoeder toe en roerbak 1 minuut. Voeg de aardappelen toe en meng goed.

Voeg vervolgens de bouillon toe, breng aan de kook, dek af en laat ongeveer 30 minuten koken tot ze gaar zijn.

Rode Gekookte Kip

Voor 4 personen

450 g kip, in plakjes gesneden

120 ml sojasaus

15 ml/1 eetlepel suiker

2 plakjes gemberwortel, fijngehakt

90 ml/6 eetlepels kippenbouillon

30 ml/2 eetlepels rijstwijn of droge sherry

4 sjalotten (groene lente-uitjes), in plakjes gesneden

Doe alle ingrediënten in een pan en breng aan de kook. Dek af en kook ongeveer 15 minuten tot de kip gaar is. Verwijder het deksel en kook ongeveer 5 minuten, af en toe roerend, tot de saus is ingedikt. Serveer bestrooid met bieslook.

Gehaktballetjes van kip

Voor 4 personen

8 ons / 225 g kippenvlees, gemalen (gemalen)

3 waterkastanjes, gehakt

1 sjalot (groene ui), gehakt

1 schijfje gemberwortel, gehakt

2 eiwitten

5 ml/2 theelepels zout

5 ml/1 theelepel versgemalen peper

120 ml / 4 fl oz / ½ kopje pindaolie (pindaolie).

5 ml/1 theelepel gehakte ham

Meng de kip, kastanjes, de helft van de bieslook, gember, eiwit, zout en peper. Vorm balletjes en druk ze plat. Verhit de olie en bak de kroketten goudbruin, draai ze één keer om. Serveer bestrooid met de overgebleven bieslook en ham.

Lekkere kip

Voor 4 personen

30 ml/2 eetlepels arachideolie

4 stuks kip

3 sjalotten (groene lente-uitjes), gehakt

2 teentjes knoflook, geperst

1 schijfje gemberwortel, gehakt

120 ml sojasaus

30 ml/2 eetlepels rijstwijn of droge sherry

30 ml/2 eetlepels bruine suiker

5 ml/1 theelepel zout

375 ml/13 ounces/1½ kopje water

15 ml/1 eetlepel maïszetmeel (maïszetmeel)

Verhit de olie en bak de stukken kip goudbruin. Voeg de sjalotjes, knoflook en gember toe en bak 2 minuten. Voeg de sojasaus, wijn of sherry, suiker en zout toe en meng goed. Voeg water toe, breng aan de kook, dek af en laat 40 minuten

koken. Los het maïzena op in een beetje water, voeg het toe
aan de saus en kook op laag vuur, al roerend, tot de saus lichter
en dikker wordt.

Kip met sesamolie

Voor 4 personen

90 ml/6 eetlepels arachideolie

60 ml/4 eetlepels sesamolie

5 plakjes gemberwortel

4 stuks kip

600 ml/1 pt/2½ kopjes rijstwijn of droge sherry

5 ml/1 theelepel suiker

zout en versgemalen peper

Verhit de olie en bak de gember en kip tot ze lichtbruin zijn.
Voeg de wijn of sherry toe en breng op smaak met suiker, zout
en peper. Breng aan de kook en laat zonder deksel sudderen tot
de kip gaar is en de saus is ingekookt. Serveer in kommen.

Sherry-kip

Voor 4 personen

30 ml/2 eetlepels arachideolie

4 stuks kip

120 ml sojasaus

500 ml/17 fl oz/2¼ kopjes rijstwijn of droge sherry

30 ml/2 eetlepels suiker

5 ml/1 theelepel zout

2 teentjes knoflook, geperst

1 schijfje gemberwortel, gehakt

Verhit de olie en bak de kip aan alle kanten goudbruin. Giet overtollige olie af en voeg alle resterende ingrediënten toe. Breng aan de kook, dek af en kook op vrij hoog vuur gedurende 25 minuten. Zet het vuur lager en laat nog 15 minuten sudderen tot de kip gaar is en de saus is ingekookt.

Kip met sojasaus

Voor 4 personen

350 gram in blokjes gesneden kip

2 sjalotten (groene lente-uitjes), gehakt

3 plakjes gemberwortel, gehakt

15 ml/1 eetlepel maïszetmeel (maïszetmeel)

30 ml/2 eetlepels rijstwijn of droge sherry

30 ml/2 eetlepels water

45 ml/3 eetlepels arachideolie

60 ml/4 eetlepels dikke sojasaus

5 ml/1 theelepel suiker

Roer de kip, lente-uitjes, gember, maizena, wijn of sherry en water erdoor en laat 30 minuten staan, af en toe roeren. Verhit de olie en bak de kip in ongeveer 3 minuten lichtbruin. Voeg de sojasaus en suiker toe en bak ongeveer 1 minuut tot de kip gaar en gaar is.

Pittige gebakken kip

Voor 4 personen

150 ml/¼ pt/½ volle kop sojasaus

2 teentjes knoflook, geperst

50 g bruine suiker

1 ui, fijngehakt

30 ml/2 eetlepels tomatenpuree (pasta)

1 schijfje citroen, gehakt

1 schijfje gemberwortel, gehakt

45 ml/3 eetlepels rijstwijn of droge sherry

4 grote stukken kip

Meng alle ingrediënten behalve de kip. Leg de kip op een bakplaat, giet het mengsel erover, dek af en laat een nacht marineren, af en toe borstelen. Kook de kip in een voorverwarmde oven op 180°C/gasthermostaat 4 gedurende 40 minuten, af en toe keren en borstelen. Verwijder het deksel, verhoog de oventemperatuur naar 200°C/400°F/gasstand 6 en laat nog eens 15 minuten koken tot de kip volledig gaar is.

Voor 4 personen

100 g kip, gehakt

15 ml/1 eetlepel gehakt hamvet

175 ml kippenbouillon

3 eiwitten, lichtgeklopt

zout

5 ml/1 theelepel water

450 g spinazie, fijngehakt

5 ml/1 theelepel maïszetmeel (maïszetmeel)

45 ml/3 eetlepels arachideolie

Combineer de kip, gekookte ham, 150 ml/¼ kopje/ophoping ½ kopje kippenbouillon, eiwitten, 5 ml/1 theelepel zout en water. Meng de spinazie met de overgebleven bouillon, een snufje zout en de maïzena gemengd met een beetje water. Verhit de helft van de olie, doe het spinaziemengsel in de pan en roer voortdurend op laag vuur tot het gaar is. Breng over naar een warme serveerschaal en houd warm. Verhit de resterende olie en bak het kipmengsel in gedeelten tot het wit en stevig is. Verdeel de spinazie erover en serveer direct.

Chinese kiprol

Voor 4 personen

15 ml/1 eetlepel arachideolie

snufje zout

1 teentje knoflook, geperst

225 g kip, in reepjes gesneden

100 g champignons, in plakjes gesneden

175 g boerenkool, gehakt

100 g bamboescheuten, gehakt

50 g geraspte waterkastanjes

100 g sojascheuten

5 ml/1 theelepel suiker

5 ml/1 theelepel rijstwijn of droge sherry

5 ml/1 theelepel sojasaus

8 loempiavellen

Frituur olie

Verhit de olie, het zout en de knoflook en bak tot de knoflook goudbruin begint te kleuren. Voeg de kip en de champignons toe en bak een paar minuten tot de kip wit kleurt. Voeg de kool, bamboescheuten, waterkastanjes en taugé toe en roerbak 3 minuten. Voeg de suiker, wijn of sherry en sojasaus toe,

meng goed, dek af en bak gedurende 2 minuten. Giet in een
vergiet en laat uitlekken.

Doe een paar eetlepels van het vulmengsel in het midden van
het vel van elke loempia, vouw het naar beneden, vouw het
naar de zijkanten en rol het vervolgens op, zodat de vulling
bedekt is. Sluit de rand af met een beetje bloem en
watermengsel en laat 30 minuten drogen. Verhit de olie en bak
de loempia's in ongeveer 10 minuten knapperig en goudbruin.
Laat goed uitlekken voordat je het serveert.

Simpele roergebakken kip

Voor 4 personen

1 kipfilet, in dunne plakjes gesneden

2 plakjes gemberwortel, gehakt

2 sjalotten (groene lente-uitjes), in plakjes gesneden

15 ml/1 eetlepel maïszetmeel (maïszetmeel)

15 ml/1 eetlepel rijstwijn of droge sherry

30 ml/2 eetlepels water

2,5 ml/½ theelepel zout

45 ml/3 eetlepels arachideolie

100 g bamboescheuten, in plakjes gesneden

100 g champignons, in plakjes gesneden

100 g sojascheuten

15 ml/1 eetlepel sojasaus

5 ml/1 theelepel suiker

120 ml kippenbouillon

Doe de kip in een kom. Meng de gember, bieslook, maïzena, wijn of sherry, water en zout, voeg toe aan de kip en laat 1 uur staan. Verhit de helft van de olie en bak de kip lichtbruin en haal hem dan uit de pan. Verhit de overige olie en bak de bamboescheuten, champignons en taugé gedurende 4 minuten.

Voeg de sojasaus, suiker en bouillon toe, breng aan de kook,
dek af en kook gedurende 5 minuten tot de groenten gaar zijn.
Doe de kip terug in de pan, meng goed en verwarm zachtjes
voor het serveren.

Kip in tomatensaus

Voor 4 personen

30 ml/2 eetlepels arachideolie

5 ml/1 theelepel zout

2 teentjes knoflook, geperst

450 g kip, in blokjes gesneden

300 ml kippenbouillon

120 ml/4 fl oz/½ kopje ketchup

15 ml/1 eetlepel maïszetmeel (maïszetmeel)

4 sjalotten (groene lente-uitjes), in plakjes gesneden

Verhit de olie met het zout en de knoflook tot de knoflook
lichtbruin is. Voeg de kip toe en bak tot deze lichtbruin is.
Voeg het grootste deel van de bouillon toe, breng aan de kook,
dek af en laat ongeveer 15 minuten koken tot de kip gaar is.
Meng de rest van de bouillon met de ketchup en maizena en
roer door de pan. Kook op laag vuur, al roerend, tot de saus
dikker en helder wordt. Als de saus te vloeibaar is, laat deze

117

dan even doorkoken tot hij indikt. Voeg de sjalotten toe en laat 2 minuten sudderen alvorens te serveren.

kip met kerstomaatjes

Voor 4 personen

225 g in blokjes gesneden kip

15 ml/1 eetlepel maïszetmeel (maïszetmeel)

15 ml/1 eetlepel sojasaus

15 ml/1 eetlepel rijstwijn of droge sherry

45 ml/3 eetlepels arachideolie

1 ui gehakt

60 ml/4 eetlepels kippenbouillon

5 ml/1 theelepel zout

5 ml/1 theelepel suiker

2 tomaten geschild en in blokjes gesneden

Meng de kip met de maizena, sojasaus en wijn of sherry en laat 30 minuten rusten. Verhit de olie en bak de kip lichtbruin. Voeg de ui toe en bak tot hij zacht is. Voeg de bouillon, het zout en de suiker toe, breng aan de kook en roer zachtjes op een laag vuur tot de kip gaar is. Voeg de tomaten toe en roer tot ze goed gaar zijn.

Gepocheerde kip met kerstomaatjes

Voor 4 personen

4 stuks kip

4 tomaten geschild en in vieren gesneden

15 ml/1 eetlepel rijstwijn of droge sherry

15 ml/1 eetlepel arachideolie

zout

Doe de kip in een pan en bedek met koud water. Breng aan de kook, dek af en laat 20 minuten koken. Voeg de tomaten, wijn of sherry, olie en zout toe, dek af en laat nog 10 minuten sudderen tot de kip gaar is. Leg de kip op een warme serveerschaal en snijd hem in stukken om te serveren. Verwarm de saus opnieuw en giet deze over de kip om te serveren.

Voor 4 personen

45 ml/3 eetlepels arachideolie

1 teentje knoflook, geperst

45 ml/3 eetlepels zwarte bonensaus

225 g in blokjes gesneden kip

15 ml/1 eetlepel rijstwijn of droge sherry

5 ml/1 theelepel suiker

15 ml/1 eetlepel sojasaus

90 ml/6 eetlepels kippenbouillon

3 tomaten geschild en in vieren gesneden

10 ml/2 theelepels maïszetmeel (maïszetmeel)

45 ml/3 eetlepels water

Verhit de olie en fruit de knoflook 30 seconden. Voeg de zwarte bonensaus toe en bak gedurende 30 seconden. Voeg dan de kip toe en roer tot alles goed bedekt is met olie. Voeg de wijn of sherry, suiker, sojasaus en bouillon toe, breng aan de kook, dek af en laat ongeveer 5 minuten sudderen tot de kip gaar is. Meng de maïzena en het water tot een pasta, voeg deze toe aan de pan en kook op laag vuur, al roerend, tot de saus helder wordt en dikker wordt.

Snel gekookte kip met groenten

Voor 4 personen

1 eiwit

50 g maïsmeel (maïszetmeel)

225 g kipfilets, in reepjes gesneden

75 ml/5 eetlepels arachideolie

200 g bamboescheuten, in reepjes gesneden

50 g sojascheuten

1 groene paprika, in reepjes gesneden

3 sjalotten (groene lente-uitjes), in plakjes gesneden

1 schijfje gemberwortel, gehakt

1 teentje knoflook, fijngehakt

15 ml/1 eetlepel rijstwijn of droge sherry

Klop het eiwit en de maïzena los en dompel de kipreepjes in het mengsel. Verhit de olie op middelhoog vuur en bak de kip een paar minuten tot hij gaar is. Haal uit de pan en laat goed uitlekken. Voeg de bamboescheuten, taugé, paprika, ui,

gember en knoflook toe aan de pan en bak 3 minuten. Voeg de
wijn of sherry toe en doe de kip terug in de pan. Meng goed en
verwarm opnieuw voor het serveren.

Kip met walnoten

Voor 4 personen

45 ml/3 eetlepels arachideolie

2 sjalotten (groene lente-uitjes), gehakt

1 schijfje gemberwortel, gehakt

450 g kipfilet, in zeer dunne plakjes gesneden

50 g geraspte ham

30 ml/2 eetlepels sojasaus

30 ml/2 eetlepels rijstwijn of droge sherry

5 ml/1 theelepel suiker

5 ml/1 theelepel zout

100 g gehakte walnoten

Verhit de olie en bak de ui en gember 1 minuut. Voeg de kip
en ham toe en bak 5 minuten tot ze bijna gaar zijn. Voeg de
sojasaus, wijn of sherry, suiker en zout toe en bak gedurende 3
minuten. Voeg de walnoten toe en bak 1 minuut tot de
ingrediënten goed gemengd zijn.

Kip met walnoten

Voor 4 personen

100 g gepelde walnoten, gehalveerd

Frituur olie

45 ml/3 eetlepels arachideolie

2 plakjes gemberwortel, gehakt

225 g in blokjes gesneden kip

100 g bamboescheuten, in plakjes gesneden

75 ml/5 eetlepels kippenbouillon

Bereid de noten, verwarm de olie en bak de noten goudbruin en laat ze vervolgens goed uitlekken. Verhit arachideolie en bak de gember 30 seconden. Voeg de kip toe en bak tot deze lichtbruin is. Voeg de overige ingrediënten toe, breng aan de kook en laat al roerend sudderen tot de kip gaar is.

Kip met waterkastanjes

Voor 4 personen

45 ml/3 eetlepels arachideolie

2 teentjes knoflook, geperst

2 sjalotten (groene lente-uitjes), gehakt

1 schijfje gemberwortel, gehakt

225 g kipfilet, in reepjes gesneden

100 g waterkastanjes, in reepjes gesneden

45 ml/3 eetlepels sojasaus

15 ml/1 eetlepel rijstwijn of droge sherry

5 ml/1 theelepel maïszetmeel (maïszetmeel)

Verhit de olie en bak de knoflook, sjalotten en gember tot ze lichtbruin zijn. Voeg de kip toe en bak 5 minuten bruin. Voeg de waterkastanjes toe en bak ze gedurende 3 minuten bruin. Voeg de sojasaus, wijn of sherry en maïzena toe en bak ongeveer 5 minuten tot de kip gaar is.

Voor 4 personen

30 ml/2 eetlepels arachideolie

4 stuks kip

3 sjalotten (groene lente-uitjes), gehakt

2 teentjes knoflook, geperst

1 schijfje gemberwortel, gehakt

250 ml sojasaus

30 ml/2 eetlepels rijstwijn of droge sherry

30 ml/2 eetlepels bruine suiker

5 ml/1 theelepel zout

375 ml/13 ounces/1¼ kopje water

225 g waterkastanjes, in plakjes gesneden

15 ml/1 eetlepel maïszetmeel (maïszetmeel)

Verhit de olie en bak de stukken kip goudbruin. Voeg de sjalotjes, knoflook en gember toe en bak 2 minuten. Voeg de sojasaus, wijn of sherry, suiker en zout toe en meng goed. Voeg water toe, breng aan de kook, dek af en laat 20 minuten koken. Voeg de waterkastanjes toe, dek af en kook nog eens 20 minuten. Los het maïzena op in een beetje water, voeg het toe aan de saus en kook op laag vuur, al roerend, tot de saus lichter en dikker wordt.

kippenwontons

Voor 4 personen

4 gedroogde Chinese champignons

450 g geraspte kipfilet

225 g gemengde groenten, gehakt

1 sjalot (groene ui), gehakt

15 ml/1 eetlepel sojasaus

2,5 ml/½ theelepel zout

40 wontonhuiden

1 losgeklopt ei

Week de champignons 30 minuten in warm water en laat ze vervolgens uitlekken. Verwijder de stengels en snijd de bovenkanten. Meng met kip, groenten, sojasaus en zout.

Om de wontons te vouwen, houdt u de huid in de palm van uw linkerhand en lepelt u een beetje vulling in het midden. Bevochtig de randen met het ei en vouw de huid in een driehoek, zodat de randen goed dicht zitten. Bevochtig de hoekjes met het ei en draai ze om.

Breng een pot water aan de kook. Voeg de wontons toe en laat ongeveer 10 minuten koken tot ze naar de oppervlakte komen.

Krokante kippenvleugels

Voor 4 personen

900 g kippenvleugels

60 ml/4 eetlepels rijstwijn of droge sherry

60 ml/4 eetlepels sojasaus

50 g/2 ounces/½ kopje maïsmeel (maïszetmeel)

arachideolie (pinda's) om te frituren

Doe de kippenvleugels in een kom. Meng de rest van de ingrediënten en giet ze over de kippenvleugels, meng goed zodat ze bedekt zijn met de saus. Dek af en laat 30 minuten rusten. Verhit de olie en bak de kip beetje bij beetje tot hij goed gaar en goudbruin is. Laat goed uitlekken op absorberend papier en houd warm terwijl je de resterende kip bakt.

Vijfkruidige kippenvleugels

Voor 4 personen

30 ml/2 eetlepels arachideolie

2 teentjes knoflook, geperst

450 g kippenvleugels

250 ml kippenbouillon

30 ml/2 eetlepels sojasaus

5 ml/1 theelepel suiker

5 ml/1 theelepel vijfkruidenpoeder

Verhit de olie en knoflook tot de knoflook lichtbruin is. Voeg de kip toe en bak tot deze lichtbruin is. Voeg de overige ingrediënten toe, meng goed en breng aan de kook. Dek af en kook ongeveer 15 minuten tot de kip gaar is. Verwijder het deksel en laat sudderen, af en toe roerend, tot bijna al het vocht verdampt is. Serveer warm of koud.

Gemarineerde kippenvleugels

Voor 4 personen

45 ml/3 eetlepels sojasaus

45 ml/3 eetlepels rijstwijn of droge sherry

30 ml/2 eetlepels bruine suiker

5 ml/1 theelepel geraspte gemberwortel

2 teentjes knoflook, geperst

6 sjalotjes (groene lente-uitjes), in plakjes gesneden

450 g kippenvleugels

30 ml/2 eetlepels arachideolie

225 g bamboescheuten, in plakjes gesneden

20 ml/4 theelepels maïszetmeel (maïszetmeel)

175 ml kippenbouillon

Roer de sojasaus, wijn of sherry, suiker, gember, knoflook en sjalotjes erdoor. Voeg kippenvleugels toe en gooi om te coaten. Dek af en laat 1 uur rusten, af en toe roeren. Verhit de olie en bak de bamboescheuten gedurende 2 minuten. Haal ze uit de pan. Giet de kip en ui af en bewaar de marinade. Verhit de olie en bak de kip aan alle kanten goudbruin. Dek af en kook nog eens 20 minuten tot de kip gaar is. Meng de maïzena met de bouillon en de achtergehouden marinade. Giet over de kip en breng aan de kook, roer tot de saus dikker wordt. Voeg de bamboescheuten toe en laat al roerend nog 2 minuten koken.

Voor 4 personen

12 kippenvleugels

250 ml / 8 fl oz / 1 kopje arachideolie

15 ml/1 eetlepel poedersuiker

2 sjalotjes (groene bosui), in stukjes gesneden

5 plakjes gemberwortel

5 ml/1 theelepel zout

45 ml/3 eetlepels sojasaus

250 ml rijstwijn of droge sherry

250 ml kippenbouillon

10 plakjes bamboescheuten

15 ml/1 eetlepel maïszetmeel (maïszetmeel)

15 ml/1 eetlepel water

2,5 ml/½ theelepel sesamolie

Blancheer de kippenvleugels 5 minuten in kokend water en laat ze goed uitlekken. Verhit de olie, voeg de suiker toe en roer tot het gesmolten en goudbruin is. Voeg de kip, sjalotten, gember, zout, sojasaus, wijn en bouillon toe, breng aan de kook en laat 20 minuten zachtjes koken. Voeg de bamboescheuten toe en laat 2 minuten sudderen of tot de vloeistof bijna volledig is verdampt. Meng de maïzena met het water, giet het in de pan en roer tot het dikker wordt. Leg de kippenvleugels op een warme serveerschaal en serveer besprenkeld met sesamolie.

Pittige kippenvleugels

Voor 4 personen

30 ml/2 eetlepels arachideolie

5 ml/1 theelepel zout

2 teentjes knoflook, geperst

900 g kippenvleugels

30 ml/2 eetlepels rijstwijn of droge sherry

30 ml/2 eetlepels sojasaus

30 ml/2 eetlepels tomatenpuree (pasta)

15 ml/1 eetlepel Worcestershiresaus

Verhit de olie, het zout en de knoflook en bak tot de knoflook licht goudbruin kleurt. Voeg de kippenvleugels toe en bak, vaak roerend, ongeveer 10 minuten tot ze goudbruin en bijna

gaar zijn. Voeg de rest van de ingrediënten toe en bak
ongeveer 5 minuten tot de kip knapperig en goed gaar is.

Barbecue kippendijen

Voor 4 personen

16 kippenpoten

30 ml/2 eetlepels rijstwijn of droge sherry

30 ml/2 eetlepels wijnazijn

30 ml/2 eetlepels olijfolie

zout en versgemalen peper

120 ml sinaasappelsap

30 ml/2 eetlepels sojasaus

30 ml/2 eetlepels honing

15 ml/1 eetlepel citroensap

2 plakjes gemberwortel, gehakt

120 ml/4 fl oz/½ kopje chilisaus

Meng alle ingrediënten behalve de chilisaus, dek af en laat een
nacht in de koelkast marineren. Haal de kip uit de marinade en
bak ongeveer 25 minuten op de barbecue of gril. Draai de kip
om en bedruip hem terwijl hij kookt met de chilisaus.

Hoisin kippendijen

Voor 4 personen

8 kippendijen

600 ml kippenbouillon

zout en versgemalen peper

250 ml hoisinsaus

30 ml/2 eetlepels gewone bloem (universeel)

2 losgeklopte eieren

100 g/4 oz/1 kopje broodkruimels

Frituur olie

Doe de poten en de bouillon in een pan, breng aan de kook, dek af en laat 20 minuten koken tot ze gaar zijn. Haal de kip uit de pan en dep droog met keukenpapier. Doe de kip in een kom en breng op smaak met peper en zout. Giet de hoisinsaus erbij en laat 1 uur marineren. Om af te tappen. Haal de kip door de bloem, bedek hem met eieren en paneermeel en vervolgens opnieuw met eieren en paneermeel. Verhit de olie en bak de kip in ongeveer 5 minuten goudbruin. Laat ze uitlekken op absorberend papier en serveer ze warm of koud.

gestoofde kip

Voor 4 tot 6 personen

75 ml/5 eetlepels arachideolie

1 kip

3 sjalotten (groene lente-uitjes), in plakjes gesneden

3 plakjes gemberwortel

120 ml sojasaus

30 ml/2 eetlepels rijstwijn of droge sherry

5 ml/1 theelepel suiker

Verhit de olie en bak de kip goudbruin. Voeg de sjalotjes, gember, sojasaus en wijn of sherry toe en breng aan de kook. Dek af en kook gedurende 30 minuten, af en toe roerend. Voeg de suiker toe, dek af en kook nog eens 30 minuten tot de kip gaar is.

Wrijf de kip in met zout en laat 3 uur rusten. Spoel het af en doe het in een kom. Voeg de wijn of sherry, gember, sojasaus, suiker, kruidnagel, zout, peperkorrels en bouillon toe en geef goed water. Plaats de container in een stoompan, dek af en

stoom ongeveer 2 ¼ uur tot de kip gaar is. Om af te tappen.
Verhit de olie tot deze rookt, voeg dan de kip toe en bak tot hij
goudbruin is. Bak nog eens 5 minuten, haal dan uit de olie en
laat uitlekken. Snijd het in stukjes en schik het op een warme
serveerschaal. Beleg met sla, tomaten en komkommers en
serveer met een zout- en pepersaus.

hele gebakken kip

Voor 5 personen

1 kip
10 ml/2 theelepels zout
15 ml/1 eetlepel rijstwijn of droge sherry
2 sjalotten (groene lente-uitjes), gehalveerd
3 plakjes gemberwortel, in reepjes gesneden
Frituur olie

Dep de kip droog en wrijf het vel in met zout en wijn of
sherry. Plaats de sjalotten en gember in de holte. Hang de kip
ongeveer 3 uur op een koele plaats te drogen. Verhit de olie en
plaats de kip in een frituurmand. Laat het voorzichtig in de olie
zakken en smeer de binnenkant en buitenkant continu totdat de
kip lichtbruin is. Haal uit de olie en laat iets afkoelen terwijl je

de olie verwarmt. Bak opnieuw tot ze goudbruin zijn. Laat ze goed uitlekken en snij ze vervolgens in stukjes.

Vijfkruidenkip

Voor 4 tot 6 personen

1 kip

120 ml sojasaus

2,5 cm/1 stuk gehakte gemberwortel

1 teentje knoflook, geperst

15 ml/1 eetlepel vijfkruidenpoeder

30 ml/2 eetlepels rijstwijn of droge sherry

30 ml/2 eetlepels honing

2,5 ml/½ theelepel sesamolie

Frituur olie

30 ml/2 eetlepels zout

5 ml/1 theelepel versgemalen peper

Doe de kip in een grote pan en vul deze tot halverwege de dij met water. Bewaar 15 ml/1 eetlepel sojasaus en voeg de rest toe aan de pan met de gember, knoflook en de helft van het vijfkruidenpoeder. Breng aan de kook, dek af en laat 5 minuten koken. Zet het vuur uit en laat de kip in het water staan tot hij lauw is. Om af te tappen.

Snijd de kip in de lengte doormidden en leg deze met de snijzijde naar beneden op een bakplaat. Meng de rest van de sojasaus en het vijfkruidenpoeder met de wijn of sherry, honing en sesamolie. Wrijf het mengsel over de kip en laat hem 2 uur rusten, bedruip hem af en toe met het mengsel. Verhit de olie en bak de kiphelften in ongeveer 15 minuten goudbruin en gaar. Laat ze uitlekken op absorberend papier en snij ze in portiegroottes.

Meng ondertussen zout en peper en verwarm in een droge pan gedurende ongeveer 2 minuten. Serveer als dip bij de kip.

Kip met gember en bieslook

Voor 4 personen

1 kip

2 plakjes gemberwortel, in reepjes gesneden

zout en versgemalen peper

90 ml/4 eetlepels arachideolie

8 sjalotjes (groene lente-uitjes), fijngehakt

10 ml/2 theelepels witte wijnazijn

5 ml/1 theelepel sojasaus

Doe de kip in een grote pan, voeg de helft van de gember toe en giet er voldoende water bij zodat de kip bijna onder water staat. Breng op smaak met zout en peper. Breng aan de kook, dek af en laat ongeveer 1 uur en 15 minuten koken tot ze gaar zijn. Laat de kip in de bouillon rusten tot hij afgekoeld is. Giet de kip af en zet in de koelkast tot het koud is. Snijd in porties.

Rasp de overgebleven gember en meng dit met de olie, sjalot, wijnazijn en sojasaus, zout en peper. Bewaar in de koelkast gedurende 1 uur. Doe de stukken kip in een serveerschaal en giet de gembervinaigrette erover. Serveer met gestoomde rijst.

Voor 4 personen

1 kip

1,2 l/2 stuks/5 kopjes kippenbouillon of water

30 ml/2 eetlepels rijstwijn of droge sherry

4 sjalotten (groene lente-uitjes), gehakt

1 schijfje gemberwortel

5 ml/1 theelepel zout

Doe de kip met alle overige ingrediënten in een grote pan. De bouillon of het water moet het midden van de dij bereiken. Breng aan de kook, dek af en laat ongeveer 1 uur sudderen tot de kip gaar is. Giet ze af en bewaar de bouillon voor soepen.

Rode Gekookte Kip

Voor 4 personen

1 kip

250 ml sojasaus

Doe de kip in een pan, giet de sojasaus erover en voeg water toe tot de kip bijna bedekt is. Breng aan de kook, dek af en laat ongeveer 1 uur sudderen tot de kip gaar is, af en toe roeren.

Pittige kip gekookt in rood

Voor 4 personen

2 plakjes gemberwortel

2 bieslook (groene bieslook)

1 kip

3 steranijspeulen

½ kaneelstokje

15 ml/1 eetlepel Sichuan-peperkorrels

75 ml/5 eetlepels sojasaus

75 ml/5 eetlepels rijstwijn of droge sherry

75 ml/5 eetlepels sesamolie

15 ml/1 eetlepel suiker

Doe de gember en lente-uitjes in de kippenholte en plaats de kip in een pan. Bind de steranijs, kaneel en peperkorrels in een stuk mousseline en voeg toe aan de pan. Giet de sojasaus, wijn of sherry en sesamolie erover. Breng aan de kook, dek af en laat ongeveer 45 minuten koken. Voeg de suiker toe, dek af en kook nog eens 10 minuten tot de kip gaar is.

Geroosterde Kip Met Sesam

Voor 4 personen

50 g sesamzaadjes

1 ui, fijngehakt

2 teentjes knoflook, fijngehakt

10 ml/2 theelepels zout

1 gedroogde rode chilipeper, fijngehakt

snufje gemalen kruidnagel

2,5 ml/½ theelepel gemalen kardemom

2,5 ml/½ theelepel gemalen gember

75 ml/5 eetlepels arachideolie

1 kip

Meng alle kruiden en olie en verdeel dit over de kip. Leg het op een bakplaat en voeg 30 ml/2 eetlepels water toe aan de pan. Rooster in een voorverwarmde oven op 180°C/350°F/gasstand 4 gedurende ongeveer 2 uur, borstel de kip af en toe en draai hem af en toe, tot hij goudbruin en gaar is. Voeg indien nodig nog wat water toe om aanbranden te voorkomen.

Kip met sojasaus

Voor 4 tot 6 personen

300 ml/½ pt/1¼ kopje sojasaus

300 ml/½ pt/1¼ kopje rijstwijn of droge sherry

1 ui gehakt

3 plakjes gemberwortel, gehakt

50 g suiker

1 kip

15 ml/1 eetlepel maïszetmeel (maïszetmeel)

60 ml/4 eetlepels water

1 komkommer, geschild en in plakjes gesneden

30 ml/2 eetlepels gehakte verse peterselie

Combineer de sojasaus, wijn of sherry, ui, gember en suiker in een pan en breng aan de kook. Voeg de kip toe, breng aan de kook, dek af en laat 1 uur sudderen, waarbij u de kip af en toe omdraait, tot hij gaar is. Leg de kip op een warme serveerschaal en snijd hem in plakjes. Giet alles behalve 250 ml/8 fl oz/1 kop van het kookvocht erbij en breng het opnieuw aan de kook. Meng de maïzena en het water tot een pasta, voeg deze toe aan de pan en kook op laag vuur, al roerend, tot de saus helder wordt en dikker wordt. Verdeel een deel van de saus over de kip en garneer de kip met komkommer en peterselie. Serveer de rest van de saus ernaast.

gestoomde kip

Voor 4 personen

1 kip

45 ml/3 eetlepels rijstwijn of droge sherry

zout

2 plakjes gemberwortel

2 bieslook (groene bieslook)

250 ml kippenbouillon

Plaats de kip in een ovenvaste schaal en wrijf hem in met wijn of sherry en zout en plaats de gember en de sjalot in de holte. Zet de kom op een rooster in een stoompan, dek af en stoom ongeveer 1 uur boven kokend water tot hij gaar is. Serveer warm of koud.

Voor 4 personen

250 ml sojasaus

250 ml/8 ounces/1 kopje water

15 ml/1 eetlepel bruine suiker

Anijspeulen 4 sterren

1 kip

Doe de sojasaus, het water, de suiker en de anijs in een pan en breng aan de kook. Doe de kip in een kom en strooi het mengsel goed van binnen en van buiten. Verwarm het mengsel opnieuw en herhaal. Doe de kip in een ovenvaste schaal. Zet de kom op een rooster in een stoompan, dek af en stoom ongeveer 1 uur boven kokend water tot hij gaar is.

Vreemd smakende kip

Voor 4 personen

1 kip

5 ml/1 theelepel gehakte gemberwortel

5 ml/1 theelepel gehakte knoflook

45 ml/3 eetlepels dikke sojasaus

5 ml/1 theelepel suiker

2,5 ml/½ theelepel wijnazijn

10 ml/2 theelepels sesamsaus

5 ml/1 theelepel versgemalen peper

10 ml/2 theelepels chili-olie

½ sla, geraspt

15 ml/1 eetlepel gehakte verse koriander

Doe de kip in een pan en vul de kippenpoten voor de helft met water. Breng aan de kook, dek af en laat ongeveer 1 uur sudderen tot de kip gaar is. Haal het uit de pan, laat het goed uitlekken en dompel het onder in ijswater tot het vlees helemaal koud is. Laat goed uitlekken en snij in stukjes van 5 cm. Meng alle overige ingrediënten en giet het over de kip. Serveer gegarneerd met sla en koriander.

Voor 4 personen

100 g gewone bloem (alle doeleinden)

snufje zout

15 ml/1 eetlepel water

1 ei

350 g gekookte kip, in blokjes gesneden

Frituur olie

Meng de bloem, het zout, het water en het ei tot een redelijk consistent deeg ontstaat. Voeg indien nodig een beetje water toe. Dompel de stukken kip in het beslag tot ze goed bedekt zijn. Verhit de olie tot deze zeer heet is en bak de kip een paar minuten tot hij knapperig en goudbruin is.

Kip met sperziebonen

Voor 4 personen

45 ml/3 eetlepels arachideolie

450 g gekookte kip, in stukjes gesneden

5 ml/1 theelepel zout

2,5 ml/½ theelepel versgemalen peper

225 g sperziebonen, in stukjes gesneden

1 stengel bleekselderij, diagonaal gesneden

225 g champignons, in plakjes gesneden

250 ml kippenbouillon

30 ml/2 eetlepels maïszetmeel (maïszetmeel)

60 ml/4 eetlepels water

10 ml/2 theelepels sojasaus

Verhit de olie en bak de kip, zout en peper, totdat deze licht goudbruin is. Voeg de bonen, selderij en champignons toe en meng goed. Voeg de bouillon toe, breng aan de kook, dek af en laat 15 minuten koken. Meng het maïzena, water en de sojasaus tot een pasta, voeg toe aan de pan en kook op laag vuur, al roerend, tot de saus helder en dikker wordt.

Voor 4 personen

45 ml/3 eetlepels arachideolie

225 g gekookte kip, in blokjes gesneden

zout en versgemalen peper

2 stengels bleekselderij, diagonaal gesneden

3 plakjes ananas, in stukjes gesneden

120 ml kippenbouillon

15 ml/1 eetlepel sojasaus

10 ml/2 eetlepels maïszetmeel (maïszetmeel)

30 ml/2 eetlepels water

Verhit de olie en bak de kip lichtbruin. Breng op smaak met peper en zout, voeg de bleekselderij toe en bak 2 minuten bruin. Voeg de ananas, bouillon en sojasaus toe en roer een paar minuten tot alles goed gaar is. Meng de maïzena en het water tot een pasta, voeg deze toe aan de pan en kook op laag vuur, al roerend, tot de saus helder en dikker wordt.

Kip met paprika en kerstomaatjes

Voor 4 personen

45 ml/3 eetlepels arachideolie

450 g gekookte kip, in plakjes gesneden

10 ml/2 theelepels zout

5 ml/1 theelepel versgemalen peper

1 groene paprika, in stukjes gesneden

4 grote tomaten, geschild en in vieren gesneden

250 ml kippenbouillon

30 ml/2 eetlepels maïszetmeel (maïszetmeel)

15 ml/1 eetlepel sojasaus

120 ml/4 ounces/½ kopje water

Verhit de olie en bak de kip, zout en peper goudbruin. Voeg de paprika's en tomaten toe. Giet de bouillon erbij, breng aan de kook, dek af en laat 15 minuten koken. Meng het maizena, de sojasaus en het water tot een pasta, doe het in de pan en kook op laag vuur al roerend tot de saus helder en dikker wordt.

Voor 4 personen

450 g gekookte kip, in reepjes gesneden

2 plakjes gember, fijngehakt

1 sjalot (groene ui), fijngehakt

zout en versgemalen peper

60 ml/4 eetlepels rijstwijn of droge sherry

60 ml/4 eetlepels sesamolie

10 ml/2 theelepels suiker

5 ml/1 theelepel wijnazijn

150 ml/¼ pt/½ volle kop sojasaus

Leg de kip op een serveerschaal en bestrooi met gember, lente-uitjes, zout en peper. Meng de wijn of sherry, sesamolie, suiker, wijnazijn en sojasaus. Giet over de kip.

gebakken kippen

Voor 4 personen

2 kuikens, gehalveerd

45 ml/3 eetlepels sojasaus

45 ml/3 eetlepels rijstwijn of droge sherry

120 ml / 4 fl oz / ½ kopje pindaolie (pindaolie).

1 sjalot (groene ui), fijngehakt

30 ml/2 eetlepels kippenbouillon

10 ml/2 theelepels suiker

5 ml/1 theelepel chili-olie

5 ml/1 theelepel knoflookpasta

zout en peper

Doe de kuikens in een kom. Meng de sojasaus en de wijn of sherry, giet het over de kuikens, dek af en laat 2 uur marineren, vaak borstelen. Verhit de olie en bak de kuikens in ongeveer 20 minuten gaar. Haal ze uit de pan en verwarm de olie. Doe ze terug in de pan en bak ze goudbruin. Giet het grootste deel van de olie af. Meng de overige ingrediënten, doe ze in de pan en verwarm snel. Giet voor het serveren over de kippen.

Kalkoen met peultjes

Voor 4 personen

60 ml/4 eetlepels arachideolie

2 sjalotten (groene lente-uitjes), gehakt

2 teentjes knoflook, geperst

1 schijfje gemberwortel, gehakt

225 g kalkoenfilet, in reepjes gesneden

225 g peultjes

100 g bamboescheuten, in reepjes gesneden

50 g waterkastanjes, in reepjes gesneden

45 ml/3 eetlepels sojasaus

15 ml/1 eetlepel rijstwijn of droge sherry

5 ml/1 theelepel suiker

5 ml/1 theelepel zout

15 ml/1 eetlepel maïszetmeel (maïszetmeel)

Verhit 45 ml/3 eetlepels olie en fruit de sjalotten, knoflook en gember tot ze lichtbruin zijn. Voeg de kalkoen toe en bak 5 minuten bruin. Haal uit de pan en zet opzij. Verhit de resterende olie en bak de peultjes, bamboescheuten en waterkastanjes gedurende 3 minuten. Voeg sojasaus, wijn of sherry, suiker en zout toe en doe de kalkoen terug in de pan.

Bruin gedurende 1 minuut. Los het maizena op in een beetje water, giet het in de pan en kook op laag vuur, al roerend, tot de saus lichter en dikker wordt.

Kalkoen met paprika

Voor 4 personen

4 gedroogde Chinese champignons

30 ml/2 eetlepels arachideolie

1 paksoi, in reepjes gesneden

350 g gerookte kalkoen, in reepjes gesneden

1 ui, gesneden

1 rode paprika, in reepjes gesneden

1 groene paprika, in reepjes gesneden

120 ml kippenbouillon

30 ml/2 eetlepels tomatenpuree (pasta)

45 ml/3 eetlepels wijnazijn

30 ml/2 eetlepels sojasaus

15 ml/1 eetlepel hoisinsaus

10 ml/2 theelepels maïszetmeel (maïszetmeel)

een paar druppels chili-olie

Week de champignons 30 minuten in warm water en laat ze vervolgens uitlekken. Verwijder de stelen en snijd de bovenkant in reepjes. Verhit de helft van de olie en bak de kool ongeveer 5 minuten of tot hij gaar is. Haal uit de pan. Voeg de kalkoen toe en bak 1 minuut bruin. Voeg de groenten toe en bak ze 3 minuten bruin. Meng de bouillon met de tomatenpuree, wijnazijn en sauzen en voeg dit toe aan de pan met de kool. Meng de maïzena met een beetje water, giet het in de pan en breng het onder voortdurend roeren aan de kook. Besprenkel met chili-olie en laat 2 minuten sudderen, onder voortdurend roeren.

Chinese gebraden kalkoen

8 tot 10 personen

1 kleine kalkoen

600 ml/1 pt/2½ kopjes heet water

10 ml/2 theelepel piment

500 ml sojasaus

5 ml/1 theelepel sesamolie

10 ml/2 theelepels zout

45 ml/3 eetlepels boter

Doe de kalkoen in een pan en giet er heet water overheen. Voeg de rest van de ingrediënten toe, behalve de boter, en laat 1 uur rusten, terwijl je meerdere keren roert. Haal de kalkoen uit de vloeistof en bestrijk hem met boter. Leg ze op een bakplaat, dek ze lichtjes af met huishoudfolie en rooster ze in een voorverwarmde oven op 160°C/gasthermostaat 3 gedurende ongeveer 4 uur, af en toe bedruipen met de sojasausvloeistof. Verwijder de folie en laat de schil tijdens de laatste 30 minuten koken krokant worden.

Kalkoen met walnoten en champignons

Voor 4 personen

450 g kalkoenborstfilet

zout en peper

sap van 1 sinaasappel

15 ml/1 eetlepel gewone bloem (universeel)

12 zwarte walnoten gemarineerd in sap

5 ml/1 theelepel maïszetmeel (maïszetmeel)

15 ml/1 eetlepel arachideolie

2 sjalotten (groene lente-uitjes), gehakt

225 g champignons

45 ml/3 eetlepels rijstwijn of droge sherry

10 ml/2 theelepels sojasaus

50 g/2 oz/½ kopje boter

25 g pijnboompitten

Snijd de kalkoen in plakjes van 1/½ cm dik. Bestrooi met zout, peper en sinaasappelsap en bestrooi met bloem. Giet de noten af, halveer ze, zet het vocht opzij en meng het vocht met de maïzena. Verhit de olie en bak de kalkoen goudbruin. Voeg de sjalotjes en champignons toe en bak 2 minuten. Voeg de wijn of sherry en de sojasaus toe en laat 30 seconden sudderen. Voeg de noten toe aan het maizenamengsel, doe ze in de pan en breng aan de kook. Voeg de boter in vlokken toe, maar laat het mengsel niet koken. Rooster de pijnboompitten in een droge pan goudbruin. Breng het kalkoenmengsel over naar een warme serveerschaal en serveer gegarneerd met pijnboompitten.

Eend met bamboescheuten

Voor 4 personen

6 gedroogde Chinese paddenstoelen

1 eend

50 g gerookte ham, in reepjes gesneden

100 g bamboescheuten, in reepjes gesneden

2 sjalotten (groene sjalotten), in reepjes gesneden

2 plakjes gemberwortel, in reepjes gesneden

5 ml/1 theelepel zout

Week de champignons 30 minuten in warm water en laat ze vervolgens uitlekken. Verwijder de stelen en snijd de bovenkant in reepjes. Doe alle ingrediënten in een hittebestendige kom en plaats deze in een pan die voor tweederde gevuld is met water. Breng aan de kook, dek af en laat ongeveer 2 uur sudderen tot de eend gaar is. Voeg indien nodig meer kokend water toe.

Eend met taugé

Voor 4 personen

225 g sojabonen

45 ml/3 eetlepels arachideolie

450 g gekookt eendvlees

15 ml/1 eetlepel oestersaus

15 ml/1 eetlepel rijstwijn of droge sherry

30 ml/2 eetlepels water

2,5 ml/½ theelepel zout

Blancheer de taugé 2 minuten in kokend water en laat ze vervolgens uitlekken. Verhit de olie en bak de taugé gedurende 30 seconden. Voeg de eend toe en bruin tot deze volledig gaar is. Voeg de rest van de ingrediënten toe en bak 2 minuten om de smaken te mengen. Serveer onmiddellijk.

gestoofde eend

Voor 4 personen

4 sjalotten (groene lente-uitjes), gehakt

1 schijfje gemberwortel, gehakt

120 ml sojasaus

30 ml/2 eetlepels rijstwijn of droge sherry

1 eend

120 ml / 4 fl oz / ½ kopje pindaolie (pindaolie).

600 ml/1 pt/2½ kopjes water

15 ml/1 eetlepel bruine suiker

Meng de sjalot, gember, sojasaus en wijn of sherry en wrijf de eend van binnen en van buiten. Verhit de olie en bak de eend aan alle kanten lichtbruin. Giet de olie af. Voeg het water en de rest van de sojasaus toe, breng aan de kook, dek af en laat 1 uur sudderen. Voeg de suiker toe, dek af en kook nog eens 40 minuten tot de eend gaar is.

Voor 4 personen

350 g gekookte eend, in plakjes gesneden

1 krop bleekselderij

250 ml kippenbouillon

2,5 ml/½ theelepel zout

5 ml/1 theelepel sesamolie

1 tomaat, in vieren gesneden

Leg de eend op een stoomrek. Snijd de bleekselderij in stukken van 7,5 cm en doe ze in een pan. Giet de bouillon erbij, breng op smaak met zout en plaats de stoompan boven de pan. Breng de bouillon aan de kook en laat ongeveer 15 minuten koken tot de bleekselderij gaar is en de eend heet. Schik de eend en de bleekselderij op een warme serveerschaal, besprenkel de bleekselderij met sesamolie en serveer gegarneerd met plakjes tomaat.

Eend met gember

Voor 4 personen

350 g eendenborst, in dunne plakjes gesneden

1 ei, lichtgeklopt

5 ml/1 theelepel sojasaus

5 ml/1 theelepel maïszetmeel (maïszetmeel)

5 ml/1 theelepel arachideolie

Frituur olie

50 g bamboescheuten

50 g peultjes

2 plakjes gemberwortel, gehakt

15 ml/1 eetlepel water

2,5 ml/½ theelepel suiker

2,5 ml/½ theelepel rijstwijn of droge sherry

2,5 ml/½ theelepel sesamolie

Meng de eend met het ei, de sojasaus, maizena en olie en laat 10 minuten rusten. Verhit de olie en bak de eend en de bamboescheuten gaar en goudbruin. Haal uit de pan en laat goed uitlekken. Giet alles behalve 15 ml/1 eetlepel olie uit de pan en bak de eend, bamboescheuten, schurft, gember, water, suiker en wijn of sherry gedurende 2 minuten. Serveer besprenkeld met sesamolie.

Eend met sperziebonen

Voor 4 personen

1 eend

60 ml/4 eetlepels arachideolie

2 teentjes knoflook, geperst

2,5 ml/½ theelepel zout

1 ui gehakt

15 ml/1 eetlepel geraspte gemberwortel

45 ml/3 eetlepels sojasaus

120 ml/4 fl oz/½ kopje rijstwijn of droge sherry

60 ml/4 eetlepels ketchup (ketchup)

45 ml/3 eetlepels wijnazijn

300 ml kippenbouillon

450 g sperziebonen, in plakjes gesneden

snufje versgemalen peper

5 druppels chili-olie

15 ml/1 eetlepel maïszetmeel (maïszetmeel)

30 ml/2 eetlepels water

Snij de eend in 8 of 10 stukken. Verhit de olie en bak de eend goudbruin. Overbrengen naar een kom. Voeg knoflook, zout, ui, gember, sojasaus, wijn of sherry, ketchup en wijnazijn toe. Mengen, afdekken en 3 uur in de koelkast laten marineren.

Verhit de olie, voeg de eend, de bouillon en de marinade toe, breng aan de kook, dek af en laat 1 uur koken. Voeg de bonen toe, dek af en laat 15 minuten koken. Voeg peper en chili-olie toe. Meng de maïzena met het water, giet het in de pan en kook op laag vuur al roerend tot de saus is ingedikt.

Gestoomde gebakken eend

Voor 4 personen

1 eend

zout en versgemalen peper

Frituur olie

hoisinsaus

Kruid de eend met zout en peper en doe hem in een hittebestendige kom. Doe het in een pan die voor tweederde gevuld is met water, breng aan de kook, dek af en laat ongeveer anderhalf uur koken tot de eend gaar is. Giet af en laat afkoelen.

Verhit de olie en bak de eend krokant en goudbruin. Verwijder en laat goed uitlekken. Snijd in stukken en serveer met hoisinsaus.

Eend met exotisch fruit

Voor 4 personen

4 eendenborsten in reepjes gesneden

2,5 ml/½ theelepel vijfkruidenpoeder

30 ml/2 eetlepels sojasaus

15 ml/1 eetlepel sesamolie

15 ml/1 eetlepel arachideolie

3 stengels bleekselderij, in blokjes gesneden

2 plakjes ananas, in blokjes gesneden

100 g in blokjes gesneden meloen

100 g lychees, gehalveerd

130 ml kippenbouillon

30 ml/2 eetlepels tomatenpuree (pasta)

30 ml/2 eetlepels hoisinsaus

10 ml/2 theelepels wijnazijn

snufje bruine suiker

Doe de eend in een kom. Meng het vijfkruidenpoeder, de sojasaus en de sesamolie, giet het over de eend en laat 2 uur marineren, af en toe roeren. Verhit de olie en bak de eend gedurende 8 minuten. Haal uit de pan. Voeg de selderij en het fruit toe en bak 5 minuten. Doe de eend terug in de pan met de rest van de ingrediënten, breng aan de kook en laat al roerend 2 minuten koken voordat je hem serveert.

Gestoofde eend met Chinese bladeren

Voor 4 personen

1 eend

30 ml/2 eetlepels rijstwijn of droge sherry

30 ml/2 eetlepels hoisinsaus

15 ml/1 eetlepel maïszetmeel (maïszetmeel)

5 ml/1 theelepel zout

5 ml/1 theelepel suiker

60 ml/4 eetlepels arachideolie

4 sjalotten (groene lente-uitjes), gehakt

2 teentjes knoflook, geperst

1 schijfje gemberwortel, gehakt

75 ml/5 eetlepels sojasaus

600 ml/1 pt/2½ kopjes water

225 g Chinese bladeren, geraspt

Snij de eend in ongeveer 6 stukken. Meng de wijn of sherry, hoisinsaus, maizena, zout en suiker en bestrijk de eend. Laat 1 uur rusten. Verhit de olie en fruit de sjalot, knoflook en gember enkele seconden. Voeg de eend toe en bak tot hij aan alle kanten lichtbruin is. Giet overtollig vet af. Giet de sojasaus en het water erbij, breng aan de kook, dek af en laat ongeveer 30 minuten sudderen. Voeg de Chinese bladeren toe, dek opnieuw af en laat nog eens 30 minuten sudderen tot de eend gaar is.

dronken eend

Voor 4 personen

2 sjalotten (groene lente-uitjes), gehakt

2 teentjes knoflook, fijngehakt

1,5 L/2½ punten/6 kopjes water

1 eend

450 ml/¾ kopje/2 kopjes rijstwijn of droge sherry

Doe de bieslook, knoflook en water in een grote pan en breng aan de kook. Voeg de eend toe, breng opnieuw aan de kook, dek af en laat 45 minuten koken. Laat goed uitlekken en bewaar het vocht voor de bouillon. Laat de eend afkoelen en plaats hem dan een nacht in de koelkast. Snijd de eend in stukjes en doe ze in een grote pot met schroefdop. Giet de wijn of sherry erbij en laat ongeveer 1 week in de koelkast staan voordat u het uitlekt en koud serveert.

Vijfkruideneend

Voor 4 personen

150 ml/¼ pt/½ royale kop rijstwijn of droge sherry

150 ml/¼ pt/½ volle kop sojasaus

1 eend

10 ml/2 theelepels vijfkruidenpoeder

Breng de wijn of sherry en sojasaus aan de kook. Voeg de eend toe en laat al draaiend ongeveer 5 minuten sudderen. Haal de eend uit de pan en wrijf het vel in met het vijfkruidenpoeder. Doe de vogel terug in de pan en voeg voldoende water toe zodat de helft van de eend onder water staat. Breng aan de kook, dek af en laat ongeveer anderhalf uur sudderen tot de eend gaar is; draai en bedruip regelmatig. Snij de eend in stukken van 5 cm en serveer warm of koud.

Gewokte eend met gember

Voor 4 personen

1 eend

2 plakjes geraspte gemberwortel

2 sjalotten (groene lente-uitjes), gehakt

15 ml/1 eetlepel maïszetmeel (maïszetmeel)

30 ml/2 eetlepels sojasaus

30 ml/2 eetlepels rijstwijn of droge sherry

2,5 ml/½ theelepel zout

45 ml/3 eetlepels arachideolie

Haal het vlees van de botten en snijd het in stukjes. Meng het vlees met alle andere ingrediënten behalve de olie. Laat 1 uur rusten. Verhit de olie en bak de eend in de marinade in ongeveer 15 minuten gaar.

Eend met ham en prei

Voor 4 personen

1 eend

450 g gerookte ham

2 preien

2 plakjes gemberwortel, gehakt

45 ml/3 eetlepels rijstwijn of droge sherry

45 ml/3 eetlepels sojasaus

2,5 ml/½ theelepel zout

Doe de eend in een pan en bedek hem met koud water. Breng aan de kook, dek af en laat ongeveer 20 minuten koken. Giet af en bewaar 450 ml/¾ punt/2 kopjes bouillon. Laat de eend iets afkoelen, haal het vlees van de botten en snijd het in vierkanten van 5 cm/2 cm. Snijd de ham in gelijke stukken. Snij lange stukken prei en rol een plakje eend en ham in het blad en bind vast met touwtje. Plaats in een hittebestendige container. Voeg de gember, wijn of sherry, sojasaus en zout toe aan de gereserveerde bouillon en giet het over de eendrolletjes. Plaats de kom in een pan gevuld met water totdat deze tweederde van de zijkanten van de kom bedekt. Breng aan de kook, dek af en laat ongeveer 1 uur sudderen tot de eend gaar is.

Honing geroosterde eend

Voor 4 personen

1 eend

zout

3 teentjes knoflook, geperst

3 sjalotten (groene lente-uitjes), in plakjes gesneden

45 ml/3 eetlepels sojasaus

45 ml/3 eetlepels rijstwijn of droge sherry

45 ml/3 eetlepels honing

200 ml/7 fl oz/slechts 1 kopje kokend water

Droog de eend en wrijf hem van binnen en van buiten in met zout. Meng de knoflook, sjalotten, sojasaus en wijn of sherry en verdeel het mengsel in tweeën. Meng de honing doormidden, wrijf het over de eend en laat het drogen. Voeg water toe aan het resterende honingmengsel. Giet het sojasausmengsel in de holte van de eend en plaats deze op een rooster in een braadpan met een beetje water op de bodem. Bak in een voorverwarmde oven op 180°C/gasthermostaat 4 gedurende ongeveer 2 uur tot de eend gaar is. Bedruip hem tijdens de kooktijd met het resterende honingmengsel.

Delicaat gebraden eend

Voor 4 personen

6 sjalotten (groene lente-uitjes), gehakt

2 plakjes gemberwortel, gehakt

1 eend

2,5 ml/½ theelepel gemalen anijs

15 ml/1 eetlepel suiker

45 ml/3 eetlepels rijstwijn of droge sherry

60 ml/4 eetlepels sojasaus

250 ml/8 ounces/1 kopje water

Doe de helft van de bieslook en gember in een grote pot met dikke bodem. Doe de rest in de holte van de eend en voeg deze toe aan de pan. Voeg alle overige ingrediënten toe, behalve de hoisinsaus, breng aan de kook, dek af en laat ongeveer 1,5 uur sudderen, af en toe roeren. Haal de eend uit de pan en laat hem ongeveer 4 uur drogen.

Leg de eend op een rooster in een braadpan gevuld met een beetje koud water. Rooster in de voorverwarmde oven op 230°C/450°F/niveau 8 gedurende 15 minuten, draai dan om en bak nog eens 10 minuten tot ze knapperig zijn. Verwarm ondertussen de bewaarde vloeistof en giet deze over de eend om te serveren.

Gebakken eend met champignons

Voor 4 personen

1 eend

75 ml/5 eetlepels arachideolie

45 ml/3 eetlepels rijstwijn of droge sherry

15 ml/1 eetlepel sojasaus

15 ml/1 eetlepel suiker

5 ml/1 theelepel zout

snufje peper

2 teentjes knoflook, geperst

225 g champignons, gehalveerd

600 ml kippenbouillon

15 ml/1 eetlepel maïszetmeel (maïszetmeel)

30 ml/2 eetlepels water

5 ml/1 theelepel sesamolie

Snij de eend in stukjes van 5 cm. Verhit 45 ml/3 eetlepels olie en bak de eend tot hij aan alle kanten lichtbruin is. Voeg de wijn of sherry, sojasaus, suiker, zout en peper toe en bak 4 minuten. Haal uit de pan. Verhit de resterende olie en bak de knoflook licht goudbruin. Voeg de champignons toe en roer tot ze bedekt zijn met olie. Doe het eendmengsel terug in de pan en voeg de bouillon toe. Breng aan de kook, dek af en laat ongeveer 1 uur sudderen tot de eend gaar is. Meng het maïzena en water tot er een pasta ontstaat, voeg het toe aan het mengsel en kook op laag vuur, al roerend, tot de saus dikker wordt.

Eend met twee champignons

Voor 4 personen

6 gedroogde Chinese paddenstoelen

1 eend

750 ml/1¼ punten/3 kopjes kippenbouillon

45 ml/3 eetlepels rijstwijn of droge sherry

5 ml/1 theelepel zout

100 g bamboescheuten, in reepjes gesneden

100 g champignons

Week de champignons 30 minuten in warm water en laat ze vervolgens uitlekken. Verwijder de stelen en halveer de toppen. Doe de eend in een grote hittebestendige kom met de bouillon, wijn of sherry en zout en plaats deze in een pan gevuld met water tot tweederde van de zijkanten van de kom. Breng aan de kook, dek af en laat ongeveer 2 uur sudderen tot de eend gaar is. Haal het uit de pan en snijd het vlees van het bot. Giet het kookvocht over in een aparte pan. Leg de bamboescheuten en de twee soorten champignons op de bodem van de stoompan, plaats het eendenvlees terug, dek af en kook nog eens 30 minuten. Breng het kookvocht aan de kook en giet het over de eend om te serveren.

Gestoofde eend met ui

Voor 4 personen

4 gedroogde Chinese champignons

1 eend

90 ml/6 eetlepels sojasaus

60 ml/4 eetlepels arachideolie

1 sjalot (groene ui), gehakt

1 schijfje gemberwortel, gehakt

Week de champignons 30 minuten in warm water en laat ze vervolgens uitlekken. Verwijder de stelen en snijd de toppen. Wrijf 15 ml/1 eetlepel sojasaus over de eend. Bewaar 15 ml/1 eetlepel olie, verwarm de resterende olie en bak de lente-ui en gember tot ze lichtbruin zijn. Voeg de eend toe en bak tot hij aan alle kanten lichtbruin is. Verwijder overtollig vet. Voeg de wijn of sherry, de rest van de sojasaus toe aan de pan en voldoende water zodat de eend bijna onder water staat. Breng aan de kook, dek af en laat 1 uur sudderen, af en toe roeren.

Verhit de bewaarde olie en bak de uien tot ze zacht zijn. Haal van het vuur en voeg de bamboescheuten en champignons toe, voeg ze toe aan de eend, dek af en laat nog 30 minuten sudderen tot de eend gaar is. Haal de eend uit de pan, snijd hem in stukken en schik hem op een warme serveerschaal. Breng de vloeistoffen in de pan aan de kook, voeg de suiker en het maïszetmeel toe en kook op laag vuur al roerend tot het

mengsel kookt en dikker wordt. Giet over de eend om te
serveren.

eend in sinaasappelsaus

Voor 4 personen

1 eend

3 sjalotjes (groene bosui), in stukjes gesneden

2 plakjes gemberwortel, in reepjes gesneden

1 schijfje sinaasappelschil

zout en versgemalen peper

Doe de eend in een grote pan, bedek hem met water en breng aan de kook. Voeg de sjalotten, gember en sinaasappelschil toe, dek af en laat ongeveer 1,5 uur sudderen tot de eend gaar is. Breng op smaak met peper en zout, laat uitlekken en serveer.

Gebraden eend met sinaasappel

Voor 4 personen

1 eend

2 teentjes knoflook, gehalveerd

45 ml/3 eetlepels arachideolie

1 ui

1 sinaasappel

120 ml/4 fl oz/½ kopje rijstwijn of droge sherry

2 plakjes gemberwortel, gehakt

5 ml/1 theelepel zout

Wrijf de knoflook van binnen en van buiten over de eend en bestrijk hem vervolgens met olie. Prik de gepelde ui in met een vork, steek deze samen met de ongeschilde sinaasappel in de holte van de eend en sluit deze met een spies. Leg de eend op een rooster boven een bakplaat gevuld met een beetje heet water en rooster hem in een voorverwarmde oven op 160°C/gasthermostaat 3 gedurende ongeveer 2 uur. Gooi de vloeistoffen weg en doe de eend terug in de braadpan. Giet de wijn of sherry erbij en bestrooi met gember en zout. Zet nog eens 30 minuten in de oven. Voeg de ui en sinaasappel toe en snijd de eend in stukjes. Giet het kooksap over de eend en serveer.

Eend met peren en kastanjes

Voor 4 personen

225 g gepelde kastanjes

1 eend

45 ml/3 eetlepels arachideolie

250 ml kippenbouillon

45 ml/3 eetlepels sojasaus

15 ml/1 eetlepel rijstwijn of droge sherry

5 ml/1 theelepel zout

1 schijfje gemberwortel, gehakt

1 grote peer, geschild en in dikke plakjes gesneden

15 ml/1 eetlepel suiker

Kook de kastanjes gedurende 15 minuten en laat ze vervolgens uitlekken. Snij de eend in stukjes van 5 cm. Verhit de olie en bak de eend aan alle kanten lichtbruin. Giet de overtollige olie af en voeg vervolgens de bouillon, sojasaus, wijn of sherry, zout en gember toe. Breng aan de kook, dek af en laat 25 minuten koken, af en toe roeren. Voeg de kastanjes toe, dek af en kook nog eens 15 minuten. Bestrooi de peer met suiker, doe hem in de pan en laat ongeveer 5 minuten koken tot hij goudbruin is.

Peking eend

Voor 6 personen

1 eend

250 ml/8 ounces/1 kopje water

120 ml/4 oz/½ kopje honing

120 ml/4 fl oz/½ kopje sesamolie

Voor de sauzen:

120 ml hoisinsaus

30 ml/2 eetlepels bruine suiker

30 ml/2 eetlepels sojasaus

5 ml/1 theelepel sesamolie

6 sjalotten (groene lente-uitjes), in de lengte gesneden

1 komkommer, in reepjes gesneden

De eend moet heel zijn en de huid moet intact zijn. Bind de nek stevig vast met een touwtje en naai of naai de onderste opening. Maak een kleine snee aan de zijkant van de nek, steek er een rietje in en blaas lucht onder de huid totdat deze opzwelt. Hang de eend boven een bakje en laat hem 1 uur hangen.

Breng een pan water aan de kook, voeg de eend toe en kook gedurende 1 minuut, giet af en droog goed. Kook water en voeg honing toe. Wrijf het mengsel in de eendenhuid tot het verzadigd is. Hang de eend ongeveer 8 uur boven een bak op een koele, geventileerde plaats, totdat de huid taai wordt.

Hang de eend op of plaats hem op een rooster boven een bakplaat en bak hem in een voorverwarmde oven op 180°C/gasthermostaat 4 gedurende ongeveer 1½ uur. Bedruip hem regelmatig met sesamolie.

Om de pannenkoeken te bereiden, kook je het water en voeg je geleidelijk de bloem toe. Werk lichtjes tot het deeg glad is, dek af met een vochtige doek en laat het 15 minuten rusten. Rol het uit op een met bloem bestoven oppervlak en vorm een lange cilinder. Snijd ze in plakjes van 2,5 cm, maak ze plat tot een dikte van ongeveer 5 mm en bestrijk het oppervlak met olie. Stapel ze in paren, zodat de ingevette oppervlakken elkaar raken en bestuif de buitenkant licht met bloem. Rol de paren uit tot ze een diameter van ongeveer 10 cm hebben en bak ze per twee gedurende ongeveer 1 minuut aan elke kant tot ze licht goudbruin zijn. Scheid en stapel tot klaar om te serveren.

Bereid de sauzen door de helft van de hoisinsaus met de suiker te mengen en de rest van de hoisinsaus met de sojasaus en sesamolie te mengen.

Haal de eend uit de oven, verwijder het vel, snijd hem in vierkanten en snijd het vlees in blokjes. Schik op aparte borden en serveer met pannenkoeken, sauzen en garnituren.

Gestoofde eend met ananas

Voor 4 personen

1 eend

400 g ananasstukjes uit blik op siroop

45 ml/3 eetlepels sojasaus

5 ml/1 theelepel zout

snufje versgemalen peper

Doe de eend in een pan met dikke bodem, bedek hem alleen met water, breng aan de kook, dek af en kook gedurende 1 uur. Giet de ananassiroop af in de pan met de sojasaus, voeg zout en peper toe, dek af en laat nog 30 minuten sudderen. Voeg de ananasstukjes toe en laat nog 15 minuten koken tot de eend gaar is.

Gebakken eend met ananas

Voor 4 personen

1 eend

45 ml/3 eetlepels maïszetmeel (maïszetmeel)

45 ml/3 eetlepels sojasaus

225 g ananas uit blik op siroop

45 ml/3 eetlepels arachideolie

2 plakjes gemberwortel, in reepjes gesneden

15 ml/1 eetlepel rijstwijn of droge sherry

5 ml/1 theelepel zout

Haal het vlees van het bot en snijd het in stukjes. Meng de sojasaus met 30 ml/2 eetlepels maïzena en voeg toe aan de eend tot deze goed bedekt is. Laat 1 uur inwerken, af en toe roeren. Pureer de ananas en de siroop en verwarm op laag vuur in een pan. Meng de rest van het maïzena met een beetje water, giet het in de pan en kook op laag vuur al roerend tot de saus is ingedikt. Blijf warm. Verhit de olie en bak de gember licht goudbruin, voeg dan de gember toe. Voeg de eend toe en bak hem aan alle kanten lichtbruin. Voeg de wijn of sherry en het zout toe en bak nog een paar minuten tot de eend gaar is.

Voor 4 personen

1 eend

100 g gekonfijte gember op siroop

200 g ananasstukjes uit blik op siroop

5 ml/1 theelepel zout

15 ml/1 eetlepel maïszetmeel (maïszetmeel)

30 ml/2 eetlepels water

Doe de eend in een hittebestendige kom en laat hem in een pan met water zakken tot hij tweederde van de zijkanten van de kom bedekt. Breng aan de kook, dek af en laat ongeveer 2 uur sudderen tot de eend gaar is. Haal de eend eruit en laat iets afkoelen. Verwijder het vel en de botten en snijd de eend in kleine stukjes. Schik op een serveerschaal en houd warm.

Giet de gember- en ananassiroop af in een pan en voeg het zout, maizena en water toe. Breng al roerend aan de kook en laat al roerend een paar minuten sudderen tot de saus lichter en dikker wordt. Voeg de gember en ananas toe, meng en giet over de eend om te serveren.

Eend met ananas en lychee

Voor 4 personen

4 eendenborsten

15 ml/1 eetlepel sojasaus

1 teentje steranijs

1 schijfje gemberwortel

arachideolie (pinda's) om te frituren

90 ml/6 eetlepels wijnazijn

100 g bruine suiker

250 ml kippenbouillon

15 ml/1 eetlepel ketchup (ketchup)

200 g ananasstukjes uit blik op siroop

15 ml/1 eetlepel maïszetmeel (maïszetmeel)

6 ingeblikte lychees

6 maraschinokersen

Doe de eenden, sojasaus, anijs en gember in een pan en bedek met koud water. Breng aan de kook, verwijder het vet, dek af en laat ongeveer 45 minuten koken tot de eend gaar is. Giet af en droog. Bak in hete olie tot ze knapperig zijn.

Meng ondertussen de wijnazijn, suiker, bouillon, ketchup en 30 ml/2 eetlepels ananassiroop in een pan, breng aan de kook en laat ongeveer 5 minuten koken tot het dik is. Voeg het fruit toe en verwarm opnieuw voordat je het over de eend giet en serveert.

Eend met varkensvlees en kastanjes

Voor 4 personen

6 gedroogde Chinese paddenstoelen

1 eend

225 g gepelde kastanjes

225 g mager varkensvlees, in blokjes gesneden

3 sjalotten (groene lente-uitjes), gehakt

1 schijfje gemberwortel, gehakt

250 ml sojasaus

900 ml/1½ pt/3¾ kopjes water

Week de champignons 30 minuten in warm water en laat ze vervolgens uitlekken. Verwijder de stelen en snijd de toppen. Doe alle overige ingrediënten in een grote pan, breng aan de kook, dek af en laat ongeveer 1,5 uur sudderen tot de eend gaar is.

eend met aardappelen

Voor 4 personen

75 ml/5 eetlepels arachideolie

1 eend

3 teentjes knoflook, geperst

30 ml/2 eetlepels zwarte bonensaus

10 ml/2 theelepels zout

1,2 l/2 punten/5 kopjes water

2 preien, in dikke plakjes gesneden

15 ml/1 eetlepel suiker

45 ml/3 eetlepels sojasaus

60 ml/4 eetlepels rijstwijn of droge sherry

1 teentje steranijs

900 g aardappelen, in dikke plakjes gesneden

½ krop Chinese bladeren

15 ml/1 eetlepel maïszetmeel (maïszetmeel)

30 ml/2 eetlepels water

takjes platte peterselie

Verhit 60 ml/4 eetlepels olie en bak de eend aan alle kanten goudbruin. Bind of naai het nekuiteinde vast en plaats de eend met de nek naar beneden in een diepe kom. Verhit de resterende olie en bak de knoflook licht goudbruin. Voeg de zwarte bonensaus toe, zout en bak gedurende 1 minuut. Voeg het water, de prei, de suiker, de sojasaus, de wijn of sherry en de steranijs toe en breng aan de kook. Giet 120 ml/8 fl oz/1 kopje van het mengsel in de holte van de eend en bind of naai vast om vast te zetten. Breng het resterende mengsel in de pan aan de kook. Voeg de eend en de aardappelen toe, dek af en laat 40 minuten sudderen, waarbij u de eend één keer omdraait. Schik de Chinese bladeren op een serveerschaal. Haal de eend uit de pan, snijd hem in stukken van 5 cm en plaats hem samen met de aardappelen in de ovenschaal. Meng de maïzenapasta met het water, giet het in de pan en kook op laag vuur al roerend tot de saus is ingedikt.

rode eend

Voor 4 personen

1 eend

4 sjalotjes (groene bosui), in stukjes gesneden

2 plakjes gemberwortel, in reepjes gesneden

90 ml/6 eetlepels sojasaus

45 ml/3 eetlepels rijstwijn of droge sherry

10 ml/2 theelepels zout

10 ml/2 theelepels suiker

Doe de eend in een pan met dikke bodem, bedek hem eenvoudig met water en breng aan de kook. Voeg de sjalotten, gember, wijn of sherry en zout toe, dek af en laat ongeveer 1 uur sudderen. Voeg de suiker toe en laat nog 45 minuten koken tot de eend gaar is. Snijd de eend op een serveerschaal en serveer warm of koud, met of zonder saus.

Gebraden eend in rijstwijn

Voor 4 personen

1 eend

500 ml rijstwijn of droge sherry

5 ml/1 theelepel zout

45 ml/3 eetlepels sojasaus

Doe de eend met de sherry en het zout in een pan met dikke bodem, breng aan de kook, dek af en laat 20 minuten koken. Giet de eend af, bewaar het vocht en bestrijk met sojasaus. Leg ze op een rooster in een pan gevuld met een beetje heet water en rooster ze in een voorverwarmde oven op 180°C/thermostaat 4 gedurende ongeveer 1 uur, regelmatig bedruipen met de bewaarde vloeibare wijn.

Gestoomde eend met rijstwijn

Voor 4 personen

1 eend

4 sjalotten (groene lente-uitjes), gehalveerd

1 schijfje gemberwortel, gehakt

250 ml rijstwijn of droge sherry

30 ml/2 eetlepels sojasaus

snufje zout

Blancheer de eend 5 minuten in kokend water en laat uitlekken. Doe het samen met de rest van de ingrediënten in een hittebestendige kom. Plaats de kom in een pan gevuld met water, tot tweederde van de zijkanten van de kom. Breng aan de kook, dek af en laat ongeveer 2 uur sudderen tot de eend gaar is. Gooi de sjalotjes en gember weg voordat je ze serveert.

Voor 4 personen

45 ml/3 eetlepels arachideolie

4 eendenborsten

3 sjalotten (groene lente-uitjes), in plakjes gesneden

2 teentjes knoflook, geperst

1 schijfje gemberwortel, gehakt

250 ml sojasaus

30 ml/2 eetlepels rijstwijn of droge sherry

30 ml/2 eetlepels bruine suiker

5 ml/1 theelepel zout

450 ml/¾ pt/2 kopjes water

15 ml/1 eetlepel maïszetmeel (maïszetmeel)

Verhit de olie en bak de eendenborsten goudbruin. Voeg de sjalotjes, knoflook en gember toe en bak 2 minuten. Voeg de sojasaus, wijn of sherry, suiker en zout toe en meng goed.

Voeg het water toe, breng aan de kook, dek af en laat ongeveer 1 uur en 30 minuten sudderen tot het vlees zeer mals is. Meng de maïzena met een beetje water, giet het in de pan en kook op laag vuur al roerend tot de saus is ingedikt.

Gezouten eend met sperziebonen

Voor 4 personen

45 ml/3 eetlepels arachideolie

4 eendenborsten

3 sjalotten (groene lente-uitjes), in plakjes gesneden

2 teentjes knoflook, geperst

1 schijfje gemberwortel, gehakt

250 ml sojasaus

30 ml/2 eetlepels rijstwijn of droge sherry

30 ml/2 eetlepels bruine suiker

5 ml/1 theelepel zout

450 ml/¾ pt/2 kopjes water

225 g sperziebonen

15 ml/1 eetlepel maïszetmeel (maïszetmeel)

Verhit de olie en bak de eendenborsten goudbruin. Voeg de sjalotjes, knoflook en gember toe en bak 2 minuten. Voeg de sojasaus, wijn of sherry, suiker en zout toe en meng goed.

Voeg het water toe, breng aan de kook, dek af en laat ongeveer 45 minuten koken. Voeg de bonen toe, dek af en kook nog eens 20 minuten. Meng de maïzena met een beetje water, giet het in de pan en kook op laag vuur al roerend tot de saus is ingedikt.

Gestoofde eend

Voor 4 personen

1 eend

50 g/2 ounces/½ kopje maïsmeel (maïszetmeel)

Frituur olie

2 teentjes knoflook, geperst

30 ml/2 eetlepels rijstwijn of droge sherry

30 ml/2 eetlepels sojasaus

5 ml/1 theelepel geraspte gemberwortel

750 ml/1¼ punten/3 kopjes kippenbouillon

4 gedroogde Chinese champignons

225 g bamboescheuten, in plakjes gesneden

225 g waterkastanjes, in plakjes gesneden

10 ml/2 theelepels suiker

snufje peper

5 sjalotjes (groene lente-uitjes), in plakjes gesneden

Snij de eend in portiegrote stukken. Bewaar 30 ml/2 eetlepels maizena en bedek de eend met het resterende maizena. Verwijder overtollig stof. Verhit de olie en bak de knoflook en eend tot ze lichtbruin zijn. Haal uit de pan en laat uitlekken op absorberend papier. Plaats de eend in een grote pot. Roer de wijn of sherry, 15 ml/1 eetlepel sojasaus en gember erdoor. Voeg toe aan de pan en kook op hoog vuur gedurende 2 minuten. Voeg de helft van de bouillon toe, breng aan de kook, dek af en laat ongeveer 1 uur koken tot de eend gaar is.

Week ondertussen de champignons 30 minuten in warm water en laat ze uitlekken. Verwijder de stelen en snijd de toppen. Voeg de champignons, bamboescheuten en waterkastanjes toe aan de eend en kook, onder regelmatig roeren, gedurende 5 minuten. Schep het vet uit de vloeistof. Meng de resterende bouillon, maizena en sojasaus met de suiker en peper en roer door de pan. Breng al roerend aan de kook en laat ongeveer 5 minuten koken tot de saus is ingedikt. Doe over in een warme serveerschaal en serveer gegarneerd met sjalotjes.

Gebakken eend

Voor 4 personen

1 eiwit, lichtgeklopt

20 ml/1½ eetlepel maïszetmeel (maïszetmeel)

zout

450 g eendenborsten, in dunne plakjes gesneden

45 ml/3 eetlepels arachideolie

2 sjalotten (groene sjalotten), in reepjes gesneden

1 groene paprika, in reepjes gesneden

5 ml/1 theelepel rijstwijn of droge sherry

75 ml/5 eetlepels kippenbouillon

2,5 ml/½ theelepel suiker

Klop het eiwit op met 15 ml/1 eetlepel maïszetmeel en een
snufje zout. Voeg de plakjes eend toe en roer tot de eend

bedekt is. Verhit de olie en bak de eend tot hij goed gaar en goudbruin is. Haal de eend uit de pan en laat alle olie, behalve 30 ml/2 eetlepels, uitlekken. Voeg de sjalotten en paprika toe en bak 3 minuten. Voeg de wijn of sherry, de bouillon en de suiker toe en breng aan de kook. Meng de rest van het maïzena met een beetje water, voeg het toe aan de saus en kook op laag vuur al roerend tot de saus dikker wordt. Voeg de eend toe, verwarm opnieuw en serveer.

Eend met zoete aardappelen

Voor 4 personen

1 eend

250 ml / 8 fl oz / 1 kopje arachideolie

225 g zoete aardappelen, geschild en in blokjes gesneden

2 teentjes knoflook, geperst

1 schijfje gemberwortel, gehakt

2,5 ml/½ theelepel kaneel

2,5 ml/½ theelepel. theelepel gemalen kruidnagel

snufje gemalen anijs

5 ml/1 theelepel suiker

15 ml/1 eetlepel sojasaus

250 ml kippenbouillon

15 ml/1 eetlepel maïszetmeel (maïszetmeel)

30 ml/2 eetlepels water

Snij de eend in stukjes van 5 cm. Verhit de olie en bak de aardappelen goudbruin. Haal uit de pan en laat alle olie uitlekken, behalve 30 ml/2 eetlepels. Voeg de knoflook en gember toe en bak 30 seconden. Voeg de eend toe en bak tot hij aan alle kanten lichtbruin is. Voeg de kruiden, suiker, sojasaus en bouillon toe en breng aan de kook. Voeg de aardappelen toe, dek af en laat ongeveer 20 minuten sudderen tot de eend gaar is. Meng de maïzenapasta met het water, giet het in de pan en kook op laag vuur al roerend tot de saus dikker wordt.

zoetzure eend

Voor 4 personen

1 eend

1,2 L/2 stuks/5 kopjes kippenbouillon

2 uien

2 wortels

2 teentjes knoflook, in plakjes gesneden

15 ml/1 eetlepel beitskruid

10 ml/2 theelepels zout

10 ml/2 theelepels arachideolie

6 sjalotten (groene lente-uitjes), gehakt

1 mango, geschild en in blokjes gesneden

12 lychees, gehalveerd

15 ml/1 eetlepel maïszetmeel (maïszetmeel)

15 ml/1 eetlepel wijnazijn

10 ml/2 theelepels tomatenpuree (pasta)

15 ml/1 eetlepel sojasaus

5 ml/1 theelepel vijfkruidenpoeder

300 ml kippenbouillon

Plaats de eend in een stoommandje boven een pan met de bouillon, ui, wortel, knoflook, inmaakkruiden en zout. Dek af en stoom gedurende 2u30. Laat de eend afkoelen, dek af en zet 6 uur in de koelkast. Haal het vlees van de botten en snijd het in blokjes. Verhit de olie en bak de eend en de lente-uitjes krokant. Voeg de overige ingrediënten toe, breng aan de kook en laat al roerend 2 minuten koken tot de saus is ingedikt.

Mandarijn eend

Voor 4 personen

1 eend

60 ml/4 eetlepels arachideolie

1 stuk gedroogde mandarijnenschil

900 ml kippenbouillon

5 ml/1 theelepel zout

Hang de eend 2 uur te drogen. Verhit de helft van de olie en bak de eend lichtbruin. Breng over naar een grote hittebestendige kom. Verhit de rest van de olie en bak de mandarijnenschil gedurende 2 minuten en plaats deze dan in de eend. Giet de bouillon over de eend en breng op smaak met zout. Zet de kom op een rooster in een stoompan, dek af en stoom ongeveer 2 uur tot de eend gaar is.

Eend met groenten

Voor 4 personen

1 grote eend in 16 stukken gesneden

zout

300 ml/½ pt/1¼ kopje water

300 ml/½ pt/1¼ kopje droge witte wijn

120 ml/4 fl oz/½ kopje wijnazijn

45 ml/3 eetlepels sojasaus

30 ml/2 eetlepels pruimensaus

30 ml/2 eetlepels hoisinsaus

5 ml/1 theelepel vijfkruidenpoeder

Doe de stukken eend in een kom, bestrooi ze met zout en voeg het water en de wijn toe. Voeg de wijnazijn, sojasaus, pruimensaus, hoisinsaus en vijfkruidenpoeder toe, breng aan de kook, dek af en laat ongeveer 1 uur zachtjes koken. Voeg de groenten toe aan de pan, verwijder het deksel en kook nog eens 10 minuten. Breng op smaak met zout, peper en suiker en laat afkoelen. Dek af en zet een nacht in de koelkast. Ontvet de eend en verwarm hem opnieuw in de saus gedurende 20 minuten.

Gebakken eend met groenten

Voor 4 personen

4 gedroogde Chinese champignons

1 eend

10 ml/2 theelepels maïszetmeel (maïszetmeel)

15 ml/1 eetlepel sojasaus

45 ml/3 eetlepels arachideolie

100 g bamboescheuten, in reepjes gesneden

50 g waterkastanjes, in reepjes gesneden

120 ml kippenbouillon

15 ml/1 eetlepel rijstwijn of droge sherry

5 ml/1 theelepel zout

Week de champignons 30 minuten in warm water en laat ze vervolgens uitlekken. Verwijder de stelen en snijd de toppen. Haal het vlees van de botten en snijd het in stukjes. Meng de maizena en de sojasaus, voeg ze toe aan het eendenvlees en laat 1 uur rusten. Verhit de olie en bak de eend aan alle kanten lichtbruin. Haal uit de pan. Voeg de champignons, bamboescheuten en waterkastanjes toe aan de pan en bak 3 minuten. Voeg de bouillon, wijn of sherry en zout toe, breng aan de kook en laat 3 minuten koken. Doe de eend terug in de pan, dek af en kook nog eens 10 minuten tot de eend gaar is.

witte eend

Voor 4 personen

1 schijfje gemberwortel, gehakt
250 ml rijstwijn of droge sherry
zout en versgemalen peper
1 eend
3 sjalotten (groene lente-uitjes), gehakt
5 ml/1 theelepel zout
100 g bamboescheuten, in plakjes gesneden
100 g gerookte ham, in plakjes

Roer de gember, 15 ml wijn of sherry, wat zout en peper
erdoor. Wrijf de eend in en laat hem 1 uur rusten. Doe de
vogels met de marinade in een pan met dikke bodem en voeg
de lente-uitjes en het zout toe. Voeg voldoende koud water toe
om de eend onder water te zetten, breng aan de kook, dek af en
laat ongeveer 2 uur sudderen tot de eend gaar is. Voeg de
bamboescheuten en ham toe en laat nog 10 minuten koken.

eend in wijn

Voor 4 personen

1 eend
15 ml/1 eetlepel gele bonensaus
1 ui, gesneden
1 fles droge witte wijn

Wrijf de binnen- en buitenkant van de eend in met de gele
bonensaus. Plaats de ui in de holte. Breng de wijn in een grote
pan aan de kook, voeg de eend toe, breng opnieuw aan de
kook, dek af en kook zo zachtjes mogelijk gedurende ongeveer

3 uur tot de eend gaar is. Giet af en snij in plakjes om te
serveren.

Gestoomde eend met wijn

Voor 4 personen

1 eend

selderij zout

200 ml. / slechts 1 kopje rijstwijn of droge sherry

30 ml/2 eetlepels gehakte verse peterselie

Wrijf de eend van binnen en van buiten in met selderijzout en plaats hem in een diepe ovenschaal. Plaats een vuurvaste schaal met de wijn in de holte van de eend. Zet de schaal op een rooster in de stoompan, dek af en stoom ongeveer 2 uur met kokend water tot de eend gaar is.

vrijdag doen

Voor 4 personen

900 g fazant

30 ml/2 eetlepels sojasaus

4 losgeklopte eieren

120 ml / 4 fl oz / ½ kopje pindaolie (pindaolie).

Ontbeen de fazant en snijd het vlees in plakjes. Meng met sojasaus en laat 30 minuten staan. Giet de fazant af en dompel

hem in de eieren. Verhit de olie en bak de fazant snel
goudbruin. Laat goed uitlekken voordat je het serveert.

fazant met amandelen

Voor 4 personen

45 ml/3 eetlepels arachideolie

2 sjalotten (groene lente-uitjes), gehakt

1 schijfje gemberwortel, gehakt

225 g fazant, in zeer dunne plakjes gesneden

50 g geraspte ham

30 ml/2 eetlepels sojasaus

30 ml/2 eetlepels rijstwijn of droge sherry

5 ml/1 theelepel suiker

5 ml/1 theelepel versgemalen peper

2,5 ml/½ theelepel zout

100 g/4 oz/1 kop geschaafde amandelen

Verhit de olie en bak de sjalotjes en gember lichtbruin. Voeg de fazant en ham toe en bak 5 minuten tot ze bijna gaar zijn. Voeg de sojasaus, wijn of sherry, suiker, peper en zout toe en bak 2 minuten. Voeg de amandelen toe en bak 1 minuut tot de ingrediënten goed gemengd zijn.

Herten Met Droge Paddestoelen

Voor 4 personen

8 gedroogde Chinese paddenstoelen

450 g hertenfilet, in reepjes gesneden

15 ml/1 eetlepel gemalen jeneverbessen

15 ml/1 eetlepel sesamolie

30 ml/2 eetlepels sojasaus

30 ml/2 eetlepels hoisinsaus

5 ml/1 theelepel vijfkruidenpoeder

30 ml/2 eetlepels arachideolie

6 sjalotten (groene lente-uitjes), gehakt

30 ml/2 eetlepels honing

30 ml/2 eetlepels wijnazijn

Week de champignons 30 minuten in warm water en laat ze vervolgens uitlekken. Verwijder de stelen en snijd de toppen. Doe het hertenvlees in een kom. Meng de jeneverbessen, sesamolie, sojasaus, hoisinsaus en vijfkruidenpoeder, giet het over het hert en laat het minimaal 3 uur marineren, af en toe roeren. Verhit de olie en bak het vlees in 8 minuten gaar. Haal uit de pan. Voeg de sjalotjes en champignons toe aan de pan en bak 3 minuten. Doe het vlees terug in de pan met de honing en wijnazijn en verwarm het al roerend opnieuw.

gezouten eieren

geef 6

1,2 l/2 punten/5 kopjes water

100 g steenzout

6 eendeneieren

Breng het water en het zout aan de kook en roer tot het zout is opgelost. Laten afkoelen. Giet het gezouten water in een grote kan, voeg de eieren toe, dek af en laat 1 maand rusten. Kook de eieren voordat je ze met de rijst stoomt.